ABRAHAM LÉVY, CURÉ DE CAMPAGNE

Joseph Joffo est né en 1931 à Paris, dans le XVIIIe arrondissement, où son père exploitait un salon de coiffure. Lui-même devient coiffeur comme son père et ses frères après avoir fréquenté l'école communale et obtenu en 1945 le certificat d'études – son seul diplôme, dit-il avec fierté et malice, car chacun sait que l'accumulation des « peaux d'âne » n'a jamais donné de talent à qui n'en a pas.

Celui qu'il possède, Joseph Joffo le découvre en 1971 lorsque, immobilisé par un accident de ski, il s'amuse à mettre sur le papier ses souvenirs d'enfance : ce sera Un sac de billes *paru en 1973, tout de suite best-seller traduit en dix-huit langues, dont des extraits figurent dans plusieurs manuels scolaires et dont un film s'inspirera.*

Suivront Anna et son orchestre *(1975), qui reçoit le premier Prix RTL Grand Public;* Baby-foot *(1977);* La Vieille Dame de Djerba *(1979);* Tendre Eté *(1981);* Simon et l'enfant *(1985);* Abraham Lévy, curé de campagne *(1988); et deux contes pour enfants :* Le Fruit aux mille saveurs *et* La Carpe.

En préparation : Le Cavalier de la terre promise *et* La Jeune Fille au pair, *aux éditions J.-C. Lattès.*

La belle leçon d'Espoir et d'Amitié de l'Abbé Lévy. Ce livre, écrit avec tant de générosité au fond du cœur, est très attachant, il y a une recherche subtile entre l'esprit et la situation mise en image, tel que « Une humeur de petite pluie fine » ou « La Vie est une corbeille de fruits, ne les laissons pas se gâter » et encore « C'est où le Paradis ? Dans votre cœur ! »

Phrases magiques, où les mots font une chaîne parfaite, pour transporter notre cœur et notre âme dans un monde merveilleux, ouaté, léger et empli d'une infinie tendresse.

Cet Abbé qui par sa grande Foi, dans Dieu et les Hommes, arrive à créer un climat chaleureux autour de lui en faisant tomber peu à peu toutes les barrières d'hostilités, grâce à son amour et celui-ci faisant boule de neige, englobe chaque être de sa bienfaisante félicité.

L'être humain a mille richesses au fond de son cœur, qui ne demandent qu'à être exploitées et à s'unir à d'autres richesses, pour faire jaillir la source du bonheur sur la Terre. Chacun de nous possède une petite clé, pour ouvrir ou fermer son cœur à volonté, si l'on pouvait fabriquer des Passe-partout pour faire partager notre amour, comme le monde serait facile à vivre.

Un lecteur anonyme.

Paru dans le Livre de Poche

JOSEPH JOFFO

Abraham Lévy,
curé de campagne

LE LIVRE DE POCHE

A mes fils Boris et Frank.

Aide-toi, le ciel t'aidera.

Jean de La Fontaine.

Toute ressemblance avec des personnages existant ou ayant existé n'est absolument pas forfuite. Qu'Abraham Lévy veuille bien me le pardonner...

1

On désespérait de sa venue.

Il vint.

Pour qui n'est pas pressé, Combejalade mérite certes le détour. Représentez-vous un paisible village de Haute-Provence accroché à ses montagnes, la garrigue, le mauve des champs de lavande, les chênes verts, les oliviers tout autour.

C'est charmant.

Six mois plus tôt, la mort de l'abbé Roque, homme d'âge, respectueux des traditions, bien brave mais souvent dépassé par les événements, avait créé un vide.

Son remplaçant se faisait attendre. Deux camps se dessinaient dans la population. Les neutres. Les impatients. La messe, on se lasse de la regarder à la télévision. Ça n'a pas le même goût, ces prières en noir et blanc, ça manque de chaleur, c'est du chacun chez soi, du bon *diou* presse-bouton.

La veille, l'unanimité s'était enfin faite au conseil municipal sur la nécessité d'avoir son représentant du culte. Du jamais vu. Deux heures durant, Sosthène Maroujal, le maire, pharmacien de première classe, s'était employé à calmer les esprits. Certaines causes, il est vrai, sont des plus malaisées à défendre...

Question d'entraînement.

Aux sollicitations répétées de Maroujal, l'évêque jusqu'alors répondait sans frémir que la solution la plus simple était encore de conclure un arrangement avec le curé de Fondoubine, le village voisin. Cinq kilomètres, bigre, ce n'était pas la mer à boire !

L'entretien du presbytère, s'empressait-il de souligner, laissait pour le moins à désirer. Quant à votre église, cher ami, n'en parlons pas ! Une ruine !

Il avait tenu bon, Maroujal. Il y allait de son prestige. Des travaux furent votés. Puis entrepris. Coûteux. Nécessaires.

Désormais, le presbytère était en état de recevoir un prêtre digne de ce nom.

Ne manquait, infime détail, que l'eau courante.

— Hier encore, je n'y croyais plus, fit Maroujal. J'avais tort. Ces évêques, ça pose pour la galerie, ça se désintéresse, ça vous écoute à peine. Et finalement...

Il transpirait. Il consultait le plafond. Il lâcha sa bombe. Un tollé général.

— Méfions-nous !

— C'est gai !

— C'est louche !

— Tirons d'abord cela au clair !

— Des preuves !

Les objections fusaient. La force de persuasion du maire aidant, ils furent bientôt tous d'avis de voir venir et de juger sur pièce l'arrivant.

Il y eut un silence.

Evidemment, ce n'est pas tous les jours qu'on s'apprête à accueillir un curé qui n'est pas tout à fait comme les autres, un curé juif.

D'autant qu'à Combejalade, un juif, on n'avait qu'une vague idée de ce que c'était.

La 2 CV peinait dans les derniers virages. La route grimpait, tortueuse. « Hop hop hop », se répétait l'abbé Lévy. Il tapotait son volant. L'angoisse le prenait à la gorge.

Le moteur montra soudain des signes d'essoufflement. Il cala. L'abbé soupira. C'était le comble. Quinze ans qu'il attendait ce moment, et il trouvait le moyen de s'offrir le luxe d'une panne d'essence.

L'abbé n'avait jamais rien compris au fonctionnement des automobiles. Tout bien réfléchi, ces carburateurs, ces delcos, ces soupapes, ces joints de culasse, ça n'avait aucun sens, aucun. Il s'en remettait à la Providence.

Avec l'aide de Dieu, on avance.

N'était-il cependant pas scandaleux que l'aide de Dieu puisse ainsi se débiter au litre dans les stations-essence ?

Il manquait d'air. Il ouvrit la portière, lança ses jambes en avant. Ouf ! Le panorama lui plut, serein, libre à perte de vue. Un paradis, quinze ans de pénitence dans des bureaux confinés.

Il leva les yeux, aperçut un clocher. *Son* clocher. Un attelage passa, chargé de bottes de foin, conduit par un vieux paysan.

— Le bonjour à vous ! lança l'homme.

— Pareillement ! fit l'abbé.

L'échange le combla. Il avait perdu l'habitude de ces amabilités rituelles, de la campagne. Grand moment que celui-ci, fête entre toutes les fêtes. Bien plus qu'une habitude, le bonjour avait ici une autre signification, il sentait le thym, l'herbe coupée et exprimait à coup sûr la sincérité.

On était en mars. Le printemps approchait.

Un cas, cet abbé Jean-Pierre Lévy qui se prénommait aussi Abraham. Large d'épaules, de longues mains, il portait en toute saison un pantalon de coutil, une veste de chasse. Au revers, près du ruban, la croix d'argent. Il portait une barbe courte, poivre et sel. Son front était vaste, couronné de cheveux déjà grisonnants.

Ses yeux étaient verts.

Sa foi avait la simplicité d'un regard d'enfant, la limpidité de l'eau pure, et son âme rendait un son clair. Il n'avait qu'un défaut, l'abbé : l'impatience. L'ignorant — ou feignant de l'ignorer —, il répugnait cela va de soi à se considérer comme tel.

De son enfance niçoise, il gardait un souvenir ému, saturé de lumière. Ses parents tenaient, non loin de l'église de la Buffa, un modeste commerce de confection pour dames. Il était né dans une ruelle sombre, mais sitôt quelques mètres franchis le soleil vous happait, les galets crissaient sous vos pieds, vous tendiez les bras, le large vous appelait, on plongeait dans la mer.

Enfance heureuse, peu de soucis. Yaëlle, sa sœur aînée, sa complice, s'occupait de lui. Ils grimpaient au château, s'aspergeaient sous la cascade, rampaient entre les tombes du cimetière israélite, observaient de très haut les pêcheurs sur les rochers, si impavides, si intemporels qu'on doutait qu'il y eût un ver au bout de l'hameçon.

Puis ils dégringolaient d'escalier en escalier jusqu'à la vieille ville, engouffrant en riant d'énormes parts de *socca*.

La guerre éclata. Ce n'était pas un jeu d'enfant. En 1942 s'en allèrent les Italiens, arrivèrent les Allemands. Au plus fort de l'Occupation, leurs parents, très inquiets, décidèrent de les placer en sécurité à Villecroze, près de Salernes, dans une famille chrétienne.

Ces larmes qui brillaient dans les yeux de leur mère. Allons, ne pleure pas. Ne pleure pas.

« Dieu, si tel est votre souhait, disait-elle, vous le rencontrerez aussi bien dans les églises, les synagogues que les mosquées. Dieu est *omniprésent*. »

L'œcuménisme avant la lettre. Cela l'avait marqué. Il suffisait d'y croire.

Que leur voulait-on ? Agnostique, originaire de

16

Nîmes ou de Carpentras, la famille Lévy vivait en France depuis d'innombrables générations.

« Des juifs du pape ! » lançait leur père, un bon vivant.

Ils étaient partis. Vers les camps. Vers la mort. Il était resté. Depuis, il avait sans cesse envie de bouger.

Il respira un grand coup. Le trac. Tout môme, il rêvait, quai Lunel, d'être marin. Mieux : scaphandrier. Une fois le fond atteint, on ne ressentait plus la violence des courants, l'agitation des vagues.

Il était devenu prêtre.

Il ne se lassait pas de contempler les collines. Du bleu, du vert estompé, d'autres clochers.

Il bouillonnait de projets. Il allait tant les aimer, ses paroissiens !

Il revint vers la 2 CV. Candide, certes, mais prévoyant. Un bidon de dix litres était remisé dans le coffre, coincé entre ses bagages. Il remplit le réservoir, mit le contact. Le moteur émit un ululement de volaille à l'identité indécise, puis démarra.

Il le laissa tourner. On ne sait jamais, ces aberrations nécessaires, quelles humeurs saugrenues peuvent leur passer par les cylindres.

— Dis-moi, Jean-Pierre, lui avait demandé le père supérieur le jour de son ordination, ne trouves-tu pas que, pour un homme dans ta situation, Lévy est un nom difficile à porter ? Certains de nos fidèles, tu le sais, ne souffrent guère d'un excès de tolérance... Il nous déplairait que, dès le début de ton ministère, tu aies à en subir les conséquences ! Même les apôtres, et ce pour la plus grande gloire de notre Sainte Mère l'Eglise, ont changé de nom...

— De *prénom*, mon père.

Il resta interloqué. Choqué. Malheureux. Bientôt, il connaîtrait la chanson. Sans doute le père supérieur devait-il penser qu'il n'était pas à cela près. Ne s'était-il pas converti au christianisme, abjurant ainsi la religion de ses ancêtres ?

Apostat, au fond.

Encore un effort, l'abbé ! Vous y êtes presque ! Songez à l'homme égaré, l'homme qui ne sait pas où il va, l'homme perdu et solitaire...

Hum !

C'est au contact de ses parents adoptifs que peu à peu s'étaient manifestés en lui les prémices de sa foi, foi en un Dieu de bonté et de miséricorde, un Dieu à qui l'on pouvait se confier et qui probablement vous accordait le pardon sans même que vous l'ayez mérité.

Est-ce que cela signifiait quelque chose, aux yeux du Très-Haut, cette notion de mérite ? Est-ce que cela avait la moindre importance ?

— Ne prenez surtout pas ce que je vais vous dire pour de la vanité, rétorqua l'abbé piqué au vif. Celui qui est notre exemple a, lui aussi, porté sa croix, et jamais ne songea à fuir ses responsabilités...

Il enrageait. Au diable la hiérarchie. Il en avait gros sur le cœur.

— Par la grâce du baptême, je suis devenu Jean-Pierre. Bien... Avec votre permission, Lévy j'étais, Lévy, je resterai. Je tiens à conserver le nom de mes parents, ce nom qui me rappelle ce que je suis depuis l'éternité afin que je ne puisse jamais m'en départir. Ce sera bien ainsi. On ne modifie pas du reste aussi aisément son identité...

— Tu m'auras mal compris...

— N'allez pas vous imaginer, mon père, qu'il entre dans mes intentions de provoquer l'Eglise ! Mon seul désir est de vivre ma foi chrétienne comme une continuité du judaïsme.

— Cela te donnerait-il par hasard bonne conscience ?

— En aurais-je besoin, selon vous ?

— Qui échappe à cela ? Nous sommes des hommes, Jean-Pierre, des hommes de chair et de sang... Je t'observe. Cela fait des années. Tu te comportes comme si tes jours étaient comptés.

— Ne le sont-ils pas ?

— Il y a un temps pour tout...

— Vous verrez ! Vous verrez !

Le père supérieur eut un sourire gêné. Jean-Pierre était jeune, bouillant, débordant d'énergie.

Il se calmerait.

Toute souffrance l'attirait comme un aimant. Il voulait soulager, l'abbé, soulager les hommes, guérir les âmes et inversement. Il brûlait d'être au cœur de l'action. Appelé sous les drapeaux, il avait pris ses dispositions.

La guerre faisait rage en Indochine. Là plus qu'ailleurs on avait besoin de lui.

De surcroît fervent patriote, l'abbé. La France, il y croyait. Le droit des peuples à disposer d'eux-mêmes il n'y avait pas vraiment réfléchi. Pas encore. Impérialisme, colonialisme sont formules creuses.

Suffit !

Un mois plus tard il prenait le bateau. Deuxième aumônier au fin fond des rizières, il menait un combat dont la nature réelle lui échappait. Jeunesse généreuse, jeunesse insensée. Il s'arrangeait pour être de toutes les missions impossibles. Il parlait haut, trinquait d'abondance, fraternisait, il n'hésitait jamais à en faire un peu trop, l'abbé ! Son tempérament emporté ne supportait aucun temps mort. A ceux qui souffraient le martyre et doutaient, il apportait le réconfort, ceux qui auraient préféré rester en vie plutôt que de se raccrocher à un dogme impassible.

Au cours d'une escarmouche, une balle l'atteignit au poumon, une autre à la jambe gauche, rotule pulvérisée, douleur inacceptable.

Il perdit conscience et se réveilla sur un lit d'hôpital. Graves, ses blessures nécessitaient un prompt rapatriement. Longues semaines d'impatience, trajet à rebours. Il avait tant cru avec les autres qu'encore un petit bout de France était à sauver. Que devenaient les héros ?

Diên Biên Phu lui donna la nausée.

Il avalait d'amples goulées d'air, comme si à chaque instant il risquait d'en être privé. L'état de choc persistait, tournait à l'apesanteur, consternante habitude.

Il passa quelques mois de convalescence chez ses parents adoptifs. Chevalier de la Légion d'honneur et une jambe raide pour la vie.

Il sombrait.

On le nomma à l'évêché de Marseille. Les basses besognes. L'anonymat. L'abbé ne savait plus s'il souhaitait toujours prendre ses désirs pour des réalités.

Suivie à distance, la guerre d'Algérie clarifia ses pensées. Croisade sans croix, ni lois ni amour. L'abbé désespérait. Il ne prit pas parti. Il refusait. Tortures et camps d'internement l'avaient dégoûté. Le jour de la déclaration d'indépendance, il arpentait les quais du Vieux-Port, interrogeant le ciel.

L'Occident le désorientait.

Quinze ans. Quinze ans à gratter du papier, à prêcher dans le vide. Sa collection de fossiles. Sa correspondance. Ames en peine et destins en péril. Méditer, la belle affaire ! Dans ses pires moments de combativité inassouvie, l'abbé considérait que la sagesse ne réclame pas grand courage.

Il respectait le courage, l'abbé, un peu moins la sagesse.

Il traversa des périodes difficiles. Sa foi, il n'en trouvait plus les mots, comme si la voix de Dieu lui était devenue impénétrable. Il consultait les Ecritures. Il jeûna. Il n'avait pas le goût du renoncement. Plutôt des fourmis dans les jambes. La rétive aussi bien que la valide.

Il se sentait si impuissant. Effaré. Inutile.

Puis, la France vécut des heures mouvementées, frôla l'émeute. Cela se tassa et l'on venait de changer de décennie lorsqu'un matin le père supérieur, qui vieillissait, lui rendit visite.

Il dépérissait. Marseille l'étouffait, exaspérait sa claustrophobie. Il luttait, bec et ongles — il luttait contre son dépit. Il n'allait pas entrer à la Trappe, tout de même !

D'entrée de jeu, en accord avec l'évêque, le père supérieur lui proposa Combejalade, village perdu dont le maire, un obstiné, inlassablement revenait à la charge et réclamait un prêtre.

— Moi, curé de campagne ? Vous plaisantez ! N'at-on pas besoin de missionnaires, au Gabon, en Amérique latine, que sais-je ? Tous ces peuples exilés, opprimés, martyrisés.

— Ta jambe...

— Elle ne m'empêche pas de marcher !

Le père supérieur insistait.

— Est-ce que tu n'aimerais plus les hommes, Jean-Pierre ?

— Justement !

Il pensait à ces jeunes gars qu'il avait vus souffrir, mourir pour pas grand-chose.

On lui forçait la main. On le tentait.

— Bon ! fit-il avec humeur. J'irai.

Il relevait le défi. Ce ne serait pas la première fois qu'il agirait ainsi, spontanément, au mépris de tout calcul.

Cette embuscade, par exemple, en Indochine. Ils s'étaient repliés en catastrophe. Une fois parvenus à couvert, ils s'aperçurent que le sous-lieutenant manquait. Sans l'ombre d'une hésitation, l'abbé rebroussa chemin, parcourut en quelques minutes les deux ou trois cents mètres qui les séparaient du lieu où s'était produit l'accrochage.

Ce jour-là, il avait la « baraka », comme on dit. Le sous-lieutenant gisait, inanimé, grièvement blessé. Vite, il le chargea sur ses épaules — l'homme pesait lourd, un colosse — et le ramena à l'intérieur des lignes. Et, comme un miracle ne vient jamais seul, le sous-lieutenant s'en était sorti. Cet acte de bravoure valut à l'abbé Lévy la médaille militaire, fait d'armes sans précédent dans la carrière d'un prêtre.

Il respirait l'air tiède des collines. Là-haut, quelque huit cents âmes l'attendaient.

Elles n'étaient pas perdues, ces âmes. Pas obligatoirement.

Il jubilait, mais s'épargna de sourire. La tâche serait rude.

Aucune importance !

L'instant d'après, la 2 CV poursuivait sa route entre les oliviers. Un croisement se présenta, que signalait une pancarte rouillée. Il quitta la nationale. On entrait dans le village. Il ralentit aux premiers marronniers, rétrograda, se gara sur la place.

De l'extérieur, la vieille église, trapue, massive, bâtie en pierre du pays, ne manquait pas de charme.

Dès le parvis, il exulta.

Passé le seuil, il déchanta. Une souris morte croupissait dans le bénitier. Il y vit un mauvais présage, lui qui n'y croyait pas.

Triste spectacle. Une échelle en bois blanc remplaçait l'escalier menant à la chaire. Des journaux froissés, des mégots, une poussette renversée, quelques boîtes de conserve jonchaient les dalles. De robustes piliers séparaient la nef des collatéraux obscurs. Des moineaux y piaillaient. Sur un vitrail, dans la travée de droite, l'archange Gabriel ne souriait que d'un œil, suite probablement à un malencontreux jet de pierre au cours d'une bataille d'enfants.

N'était-il pas un ancien combattant ? Ils étaient faits pour s'entendre !

Un coup d'avertisseur, au-dehors. Il faillit revenir sur ses pas. Il arpentait son domaine. Une jachère. Des herbes poussaient. Cette église, bonté divine, avait moins besoin d'un prêtre que d'un jardinier !

Il jouait la surprise. Il marchait. Ses pas résonnaient. A l'exception d'une frêle toile d'araignée qui recouvrait la quasi-totalité de son voile et faisait double emploi, la Vierge polychrome avait par bonheur échappé au désastre.

L'abbé s'approcha du maître-autel, rehaussé de trois marches. Un crucifix monumental, très ouvragé, le surmontait, et même ici, dans ce terrain vague, ce brouillon de maison de Dieu, le Rédempteur veillait.

Silence, les moineaux, silence, voix des aigreurs faciles du passé qui se cramponne.

Tout était pour le mieux. L'abbé s'agenouilla, ferma les yeux.

On le vit en prière.

2

Dans ses bons jours, il répondait au nom de Tonin. Sinon, il ne répondait pas. *N'a-qu'un-œil*, l'appelaient certains. L'autre, il l'avait perdu, enfant, au cours d'une bataille rangée, dans les bois.

Il avait suivi l'abbé. Il doutait encore. Il regardait cet homme agenouillé.

La curiosité l'emporta :

— Eh bé, murmura Tonin.

Comme on le voit, à ses moments perdus — tous, autrement dit — Tonin ne manquait pas d'à-propos.

L'abbé se releva.

— C'est vous, le nouveau curé ?

— Je le crains... Et toi, qui es-tu ?

— Tonin. Pourquoi vous ne portez pas de soutane ?

Le ton était nettement désapprobateur. L'abbé esquissa un sourire. Il avait, depuis l'Indochine, renoncé à toute espèce d'uniforme. Une réponse toute simple, la seule qui s'imposait, lui vint à l'esprit : « L'habit ne fait pas le moine... C'est ce que l'on porte dans son cœur qui compte. »

Il dévisageait, surpris, l'étrange sauvageon.

Tonin préféra prendre les devants :

— Je leur porte bonheur, voyez, selon eux... Celui que j'ai gardé c'est le bon, pas le mauvais !

L'abbé eut un geste agacé.

— Eh bé, répéta Tonin en secouant la tête, qui pensait en avoir déjà trop dit.

— Quoi ? Parle !

— C'est que ça fait tout drôle...

— *Drôle ?*

— C'est ce qu'on raconte, hein... Y'en a, ici, je crois qu'ils seraient d'avis que les curés ça n'a guère d'utilité...

L'abbé parvint à maîtriser ses sentiments, et enchaîna :

— Dis-moi plutôt... que fais-tu dans ce village ?

— Pas grand-chose. Je fais ce que je peux. Vous savez, c'est pas toujours facile !

— Fort bien, approuva l'abbé, qui comprenait qu'il l'avait poussé au maximum de ses possibilités. Continue ! A l'impossible, nul n'est tenu. Dieu nous a mis sur terre pour que nous agissions de notre mieux. Si tel est ton cas, considère que tu as gagné ta part de paradis !

Tonin, qui n'était pas né de la dernière sécheresse, poursuivit son idée :

— Y'en a même, enfin bon, qui se proposaient de vous prendre à l'essai...

— Voilà autre chose !

Écarlate, les sourcils froncés, l'abbé lui saisit le bras

— Je suis attendu. Le maire.

— M'sieur Maroujal ?

— Maroujal... Oui, c'est ça.

— Il est passé midi. Sûr que vous le trouverez pas à la mairie !

— Où, dans ce cas ?

— Chez lui.

— Bien. Conduis-moi.

Ils quittèrent l'église. Le soleil les éblouit. Un môme, près de la 2 CV, détala.

Sur la place, des marronniers espacés, plantés à égale distance, ombragent le long terrain de boules, entretenu avec soin, ratissé chaque semaine, un sable poudreux, fin. Certains arbres, les plus jeunes, poussent à l'oblique. Retenus par des cordes tendues à des piquets, ils ressemblent à des mâts de cirque.

Plus loin, c'est la fontaine et le monument aux morts. Des gens dont personne ne se souvient. Ils ont leur monument et ils sont morts.

A cette heure, les vivants mangent. Des bruits de couverts entrechoqués, la radio, parfois des pleurs. Les boutiques sont fermées. Elles rouvriront à l'approche du soir. Rue Croix-Vieille, l'artère principale, le Bar de l'Epoque et le Café des Champions se font face. En terrasse, des attardés s'attardent. Des professionnels.

Une croix verte signale la pharmacie. Des réclames en vitrine attirent le regard, pommades, laxatifs ou pastilles. Tonin poussa la porte vitrée. Un grelot se fit entendre, lointain. Tonin traversa la boutique. Il connaissait le chemin.

On pratiquait à Combejalade l'alternance bien sentie. Un coup sur deux, le pharmacien et le docteur occupaient la mairie.

Sa forte stature sanglée dans une blouse blanche à col droit et deux rangées de boutons, Sosthène Maroujal déjeunait en famille. Il ne quittait cette blouse qu'à regret. Il se leva à leur arrivée.

Tonin fit les présentations :

— Tenez, le maire, je vous l'apporte...

Comme un paquet, pensa l'abbé, un vulgaire paquet-poste.

Tonin baissa la voix :

— Voyez, m'sieur le maire, il est comme tout le monde ! Fallait pas vous biler...

L'abbé fit celui qui n'avait rien entendu. Le maire multipliait les regards inquisiteurs. Du souci, il en avait eu. Cette affaire posait un réel problème, risquait de diviser la population. Mais, en se battant seul contre tous lors de la dernière réunion du conseil municipal, il avait le sentiment d'avoir agi dans les intérêts de la commune. L'absence d'un prêtre lui semblait réellement de mauvais augure. A cette allure, ne seraient-ce pas bientôt l'instituteur puis le boulanger qui s'en iraient, autant de feux éteints ? Personne, dans ces conditions, ne donnerait cher de leur village !

Alors, qu'importait que ce prêtre fût différent des autres, puisque sa nomination les tirait d'embarras, laissait présager des perspectives nouvelles pour Combejalade ?

« A vous de juger, messieurs ! La tolérance, sachez-le, c'est s'efforcer contre vents et marées de comprendre l'intolérance ! »

Aurait-il emporté l'adhésion des conseillers si, en clôture, ne lui était venue cette formule qui sonnait comme une mise en garde et dont il ne saisissait peut-être pas très bien la portée ?

— Je suis en retard, pardonnez-moi, dit l'abbé.

— Allons donc ! Déjà heureux que vous ayez trouvé le chemin !

Les deux filles de la maison, accortes ingénues, noires d'œil et brunes de peau, gardaient le silence Arlette Maroujal l'invita à s'asseoir :

— Si j'osais, monsieur l'abbé... Vous avez faim ?

— Osez !

Tonin avait rempli sa mission. Il s'éclipsa.

Le nouveau venu intriguait Maroujal, sa tranquille assurance, la chair à vif des souvenirs, les yeux clairs qui voyaient tout et rien.

L'abbé se régala de courgettes farcies, délicieuses. On éprouvait en ce lieu la volupté de vivre.

— Encore un verre de rosé, monsieur l'abbé ?

Sosthène Maroujal avait à jamais cessé de fumer. Cela datait de l'avant-veille. De récentes campagnes anti-tabac l'y avaient incité. Il mâchonnait sans conviction une allumette de carton dont il avait préalablement sectionné le bout soufré.

Entre la poire et le fromage, l'abbé décida de se lancer :

— Tonin, tout à l'heure... Le sens de ses paroles m'a échappé.

— Oh, ne vous tracassez pas ! Le petiot, si on prêtait attention à ce qu'il raconte !

— Suis-je vraiment comme tout le monde ?

Maroujal perdait pied.

— Ben... M'en avez tout l'air.

— Qu'est-ce que vous en savez ?

L'abbé se doutait des problèmes qui allaient se poser. Ses yeux brillaient.

— L'important, poursuivit Maroujal, c'est qu'à Combejalade vous vous plaisiez...

— J'en suis persuadé.

— Vos paroissiens sont, croyez-moi, prêts à vous accepter...

— De votre bouche dans l'oreille du bon Dieu ! Six mois, néanmoins, c'est long. Sans doute certains se sont-ils fait à l'idée de ne plus avoir de curé...

— Il y a Fondoubine. Par le raccourci, une petite demi-heure...

— Ils se seront habitués.

— Dites pas de bêtises ! Un prêtre moderne, voilà ce qu'il nous fallait.

— Nous lutterons contre la routine.

— Tranquillement, monsieur l'abbé. Tranquillement.

— L'auditoire s'agrandira. Nous ramènerons les brebis égarées.

— Je vous le souhaite... Ce que je vous propose, en attendant, c'est de passer à la mairie. Sans vous commander, bien sûr. J'y ai laissé les clefs. Votre maison elle est comme neuve, vous verrez...

Ils bavardèrent.

Eponine, hors d'haleine, se jeta dans leurs jambes alors qu'ils se dirigeaient vers la mairie.

Elle râlait.

— On m'en cache des choses, Jésus-Marie ! Si Tonin n'était pas venu me prévenir ! C'est que j'avais préparé un bon repas, moi, au presbytère ! Et je suis là. Et je regarde l'heure. Et je m'inquiète. Et on ne me dit rien ! Et ça refroidit !

Grassouillette et le cœur sur la main, lourde de poitrine, toute en ventre, en menton et en fesses, Eponine avait son franc-parler.

L'abbé la pria de l'excuser. Une panne d'essence l'avait retardé.

Eponine hocha la tête. Elle bougonnait.

— Calme-toi, voyons ! s'emporta Maroujal. Tu en crées, des complications ! Offenser l'abbé, tu sais, c'est offenser le bon Dieu...

— Le bon *diou*, le bon *diou*, il a bon dos, le bon *diou* ! ronchonnait Eponine.

Les fenêtres s'entrebâillaient. Les rideaux frémissaient sur leur passage. De l'ombre des marronniers ils atteignirent le mur d'enceinte du presbytère.

Eponine s'apitoyait. Pas bien gras, ce curé.

D'une cour gravillonnée où s'ouvrait un puits couvert de lierre on accédait à la porte d'entrée. Maroujal sortit ses clefs. Trop tard. Eponine l'avait devancé.

La municipalité n'avait pas ménagé ses efforts, cela se sentait. Flottaient des odeurs de peinture. Quelques meubles très simples. Une cloison de bois depuis peu tapissée séparait la salle à manger de la cuisine. D'emblée, une cheminée si large qu'on eût pu s'y asseoir accrochait le regard. Près du fourneau s'apercevait, comble de luxe, un réfrigérateur aux formes rebondies.

La pièce communiquait de plain-pied avec un jardin clos envahi de broussailles.

Un étroit escalier menait à l'étage. La chambre d'Eponine avait vue sur la place, celle de l'abbé, claire, spacieuse, sur le jardin.

Maroujal observait son abbé juif du coin de l'œil.

Tout compte fait, rien ne le différenciait du commun des mortels.

— Alors, ça vous plaît ?

— Parfait.

— Hein, qu'on vous a gâté !

— Jésus-Marie ! s'écria Eponine. Sûr qu'il n'a rien mangé !

L'abbé la détrompa. Le maire prit congé.

Il avait été convenu qu'ils se verraient le lendemain afin de prendre les dispositions nécessaires à la bonne marche spirituelle du village.

Son premier geste fut d'ouvrir toutes les fenêtres, d'aérer. Aidé d'Eponine, il déchargea ses bagages. Il prenait possession des lieux. A l'étage, sur la table de chevet, il déposa son sablier.

Eponine réservait son opinion. Le père Roque, qui allait sur ses soixante-quatre ans quand Dieu l'avait rappelé n'avait jamais eu à se plaindre ! Eponine, dans sa vie, hormis une vieille maman, personne pour lui tenir la main, elle se débrouillait. Les hommes, elle n'avait guère eu le temps d'y penser. Certaines mauvaises langues prétendaient évidemment qu'elle n'était pas sans tache, mais cela reste à prouver.

L'abbé disposait déjà ses romans policiers sur l'étagère en merisier verni, à l'opposé du lit.

— A propos, l'abbé... N'allez pas croire, vous m'êtes sympathique ! Mais...

D'un doigt distrait, l'abbé rajusta le crucifix.

— Dites, Eponine.

— C'est que... j'en ai parlé avec ma mère. Elle est allée à Lourdes, dans sa jeunesse. La religion, ça la connaît. Des questions, on s'en posait...

— Ce qui revient à dire que vous possédiez par avance les réponses, n'est-il pas vrai ?

Elle se cabra. Elle ne se laisserait pas si facilement démonter.

— Comment vous expliquer ? Il paraît que vous êtes juif, voilà ! Et il y en a pour raconter que ce n'est pas... pas très catholique !

Dans l'armée, cela avait été les officiers, puis les hommes du rang. Tous aussi étonnés. Unis par le même combat, pourtant, les mêmes dangers.

Il se promit d'éclaircir définitivement la situation dès son premier sermon. En passant du judaïsme au christianisme, il n'avait rien renié, ni personne. Les mains sur les hanches, l'œil scrutateur, Eponine attendait une réponse. Pensait-elle que la condition de juif se porte comme une marque indélébile, un tatouage ?

Il se propulsa jusqu'à la fenêtre, respira un grand coup, revint :

— Certains d'entre nous, dit-il, ont eu des parents chrétiens, d'autres des parents juifs, ou musulmans, ou bouddhistes... La plupart des enfants subissent sans rechigner cette influence. Mon cas est différent. C'est assez simple. Simple et douloureux. Cela s'est passé pendant la guerre. Mes parents m'ont confié aux mains d'une famille chrétienne, pratiquante, avant de mourir en déportation.

— Jésus-Marie ! fit Eponine, le sang à ses grosses joues. Les fours crématoires ? Je suis désolée...

— J'avais douze ans, j'en ai eu quinze, j'ai fait un choix. Je m'appelais Abraham : par la grâce du baptême, je suis devenu Jean-Pierre. Au début, lorsque l'on m'appelait je ne répondais pas ! Je croyais toujours que c'était à un autre que l'on s'adressait.

Elle enchaîna :

— Vous avez changé de nom ? Comme le pape ?

— N'exagérons rien.

— Comme une femme qui se marie, alors ?

— C'est un peu ça. A ceci près que, moi, j'ai disons... lié un pacte avec le Seigneur. J'ai par la suite pensé qu'il serait bon d'aller jusqu'au bout des choses. C'est un devoir que l'on a, en toutes circonstances, vis-à-vis des autres comme de soi. J'ai souhaité être prêtre. De tout mon cœur. N'était-ce pas une manière honorable de servir Dieu et les hommes ? N'était-ce pas ce que fit Jésus en adoptant la religion de son père puis en s'efforçant d'y apporter quelques... quelques améliorations ?

L'abbé tâtait le terrain. Dans la lutte qu'il se préparait à mener, une alliée telle qu'Eponine ne serait probablement pas à négliger.

Elle le considérait d'un œil attendri, déjà. Il lui restait un point à éclaircir :

— Je comprends... Je comprends que vous soyez resté fidèle à votre famille, mais d'un autre côté, bon, vous avez fait à votre idée... Vous me dites que Jésus il a adopté la religion de son père. Le bon *diou*, quoi. Alors expliquez-moi un peu pourquoi vous n'en avez pas fait autant ?

Elle se dandinait.

— Je pourrais te répondre, Eponine, que tout le monde n'a pas la chance d'avoir le bon Dieu pour père, et sans doute n'aurais-tu rien à ajouter à cela, mais je préfère, si tu permets, te raconter une histoire...

— Vous oubliez mon ménage !

Il aimait convaincre, l'abbé. Au pas de charge.

— Attends une minute... Je tiens cette histoire d'un de mes oncles. Il y a bien longtemps de cela arrivait au paradis un vieux juif qui durant toute sa vie avait été un authentique juste. Fréquentant avec assiduité la synagogue. Elevant ses enfants dans la crainte et le respect de Dieu. Qui plus est, ce brave homme n'avait jamais trompé sa femme, n'avait même jamais *pensé* à le faire, ce qui, tu le reconnaîtras, est plutôt rare de nos jours...

Eponine se racla la gorge. Les curés, ça ne parle pas de ça. Où va-t-on ?

— Voici donc Yakov qui se présente au paradis. Dieu, on le comprend, en conçut bien du bonheur.

Il l'accueillit en ces termes :

— Yakov, après une existence exemplaire, te voici enfin près de moi. Puisses-tu être bienheureux parmi les bienheureux ! Aucun ne l'a mérité plus que toi ! Il me plaît de t'honorer, Yakov. Viens donc t'asseoir à ma droite et dis-moi en quoi je puis t'être agréable...

Le vieux juif restait muet. Il ne bougea pas. Il semblait très malheureux. Dieu s'en étonna :

— Mais enfin, Yakov, que se passe-t-il ? Tu pleures ? Dis-moi ?

Peiné, l'Éternel mettait beaucoup de douceur dans sa voix.

— Personne n'y peut rien, répliqua Yakov, qui oubliait les convenances. Même pas vous ! L'homme est hélas destiné à vivre seul avec son malheur...

— Tu blasphèmes ! tonna l'Éternel. Je suis ton Dieu et Dieu merci — si tu m'accordes cette inoffensive facétie — j'ai encore la haute main sur ce qui se passe sur la terre comme au ciel ! Je t'ordonne, m'entends-tu, de me confier tes soucis !

— Si vous insistez... fit Yakov, apeuré. Une semaine avant ma mort, mon fils aîné n'a rien trouvé de mieux que de se convertir au christianisme ! Depuis, je suis désespéré...

Dieu partit soudain d'un immense éclat de rire qui résonna aux quatre coins de l'univers visible et invisible.

— C'est donc là tout ton tourment, Yakov ? Vraiment, tu exagères ! Mon fils aussi, et je ne t'apprendrai rien, s'est converti ! Mon propre fils !

— Je suppose, mon Dieu, que ta colère fut terrible...

— Non point, Yakov, non point... On ne vit pas uniquement avec l'expérience des autres, même si c'est celle de ses parents ! C'est pour cette raison que j'ai conçu un Nouveau Testament. Un Nouveau Testament qui à dire vrai ne marche pas trop mal, et je te prie de me croire, je suis plutôt fier de mon fils !...

Eponine avait écouté en silence. Un drôle de corps, cet abbé. Des curés comme celui-là, elle n'en avait encore jamais vu à Combejalade. Elle le ferait savoir.

L'abbé eut ce jour-là l'impression d'avoir gagné une amie. Il en conçut une profonde satisfaction, un peu comme Jésus, probablement, lorsqu'il donna le baptême au premier apôtre.

On frappait à la porte, au rez-de-chaussée.

— C'est Julien, dit Eponine.

— Julien ?

— Julien Cantarel le menuisier. Celui qui a épousé Catherine Falcou, la fille du maire. Enfin l'autre, celui d'avant, notre médecin. Une maigreur, la Catherine ! Un coup de vent, hop, elle s'envole. Julien, je lui ai demandé de venir vous aider...

L'abbé lui emboîta le pas. Il consacra l'après-midi à s'installer. D'une table bancale il fit son bureau. Un peu étroit, mais ça irait. Julien Cantarel sciait, cloutait. Quelques planches et l'abbé fut enfin en possession du coffret (vingt cm x trente cm) où il disposerait ses fossiles.

A dix-huit heures trente précises, Eponine sonna la cloche. Bien décidée à le remplumer au plus vite, elle lui servit une portion considérable de civet de lièvre réchauffé.

— Vos parents, l'abbé...

— Oui ?

— Ils sont morts, vous m'avez dit. Je m'excuse, je vous jure, d'en avoir parlé...

— Tu n'as pas à t'excuser.

— Il vous reste de la famille ?

— Une sœur. Elle s'est installée dans un kibboutz, en Israël, voici des années.

— C'est vrai, ce qu'on prétend, que leur guerre elle n'aurait duré que six jours ?

— Si on veut.

— Alors, c'est qu'il doit faire chaud, dans ces

pays-là ! Sûrement qu'ils n'aiment pas se fatiguer ! Chez nous, faut parfois compter cent ans avant d'en voir la fin...

Cent ans, évidemment, ça ne comptait qu'à peine, ne put s'empêcher de penser l'abbé. Une pichenette dans l'infini ! Ne traînait-il pas cinq mille ans d'inquiétude derrière lui ?

— Le monde est encore jeune, dit-il. Un nouveau-né. Il va s'améliorer.

— Vous croyez ?

Dans le jardin, le soleil s'attardait. Montait de la place le « tac-tac » des boules qui se heurtaient.

L'abbé souhaitait prendre au plus vite contact avec ses ouailles. Il sortit. Il respirait mieux. Il s'avança dans la lumière rose, ombre lui aussi entre celles, très longues, que dispensaient les marronniers.

En bras de chemise, les joueurs s'entraînaient pour le prochain championnat qui, en juin, opposerait Combejalade à Tourache.

— Eh bé ! s'exclama Tonin.

L'abbé sursauta.

— Ça va comme vous voulez, m'sieur l'abbé ?

— Fort bien, fort bien.

— Le tour du village, ça vous tenterait ? Je connais tous les coins...

Comme il insistait, buté, l'abbé consentit à le suivre. Ils déambulèrent par les rues au cœur du crépuscule. Un bouc au poil crotté, à l'attache sous un figuier, les considéra longtemps de ses yeux fendus de jaune.

Intarissable, Tonin parlait des habitants, ceux dont il appréciait la compagnie, ceux qu'il lui plaisait d'éviter. Le village se vidait, et Tonin le confia à l'abbé, avec des mots simples, ses mots à lui, où perçait un profond bon sens.

Fermé, l'Hôtel-Restaurant des Cigales. Ridouane, le garagiste, ne faisait pas beaucoup d'affaires. Le maréchal-ferrant avait depuis des années mis la clef sous la porte. Félix Chavère, le cordonnier, vivotait. La distillerie de lavande tournait au ralenti. Seuls le boulanger et le boucher s'en tiraient. Ainsi que probablement les trois sœurs Porteil, qui tenaient un commerce d'épicerie-tabac-spiritueux derrière l'ancien four communal.

A cela Tonin mêlait, car on a ses faiblesses, des réflexions personnelles sur le blé et les vignes qui cette année, il en était persuadé, ne donneraient pas. Il y avait des signes, des signes qu'il découvrait sous les pierres des collines, c'est comme ça.

Ils atteignirent les limites du village. Là, ce n'étaient que ruines, des bergeries abandonnées, de vieux hangars. Tonin s'adossa à un mur. L'abbé fit de même. Ils goûtaient la douceur du soir.

Quelqu'un manquait à la liste de Tonin. Quelqu'un d'important.

— C'est par là qu'il passe, des fois, dit-il. A *moing*...

— A moins ?

— A *moing* qu'il ne passe pas.

— De qui parles-tu ?

— José Figuerette, ça ne vous dit rien ?

— Rien.

— C'est la nuit, seulement la nuit qu'il rôde dans le village...

— Qu'est-ce que tu racontes, Tonin ?

— Des bêtises, m'sieur l'abbé, des bêtises... Des fois, à ce qu'on dit, il fait le mal. Il se cache dans les encoignures. Il enlève les enfants en bas âge et on n'en entend plus parler... des fois, il fait le bien. Il prête de l'argent à ceux qui en ont besoin, mais après il réclame de gros intérêts... La nuit, je l'ai pour moi tout seul.

— Chaque village a son croquemitaine, je suppose. Son père Fouettard. Superstitions stupides. Je combattrai ces superstitions.

— Vous allez vous battre ?

— Sois-en certain. Même si ce n'est pas classé au nombre des vertus théologales !

— Vous voulez savoir à quoi il ressemble ?

— Bah ! Si tu y tiens...

— Je ne l'ai jamais vu, remarquez... Paraîtrait qu'il a une longue barbe. Et un drôle de bonnet qui couvre pas toute la tête. Ses dents, c'est rien que de l'or..

— Et tu y crois ?

— Non. Mais je me comprends...

L'attention de l'abbé se relâchait. Mort de fatigue, les paupières lourdes, il laissa dériver ses pensées.

Lorsqu'il redescendit sur terre, il faisait nuit noire, des myriades d'étoiles entouraient la Polaire, une chouette ululait quelque part.

Quant à Tonin, il était déjà loin.

3

C'était un temps d'oiseaux de proie.

L'abbé perçut des bruits. Discrets. Obsédants. Incapable de bouger, il luttait contre la panique.

De lourdes semelles claquent. Des voix s'élèvent. Une langue étrangère. Ils sont là, ils ont escaladé la façade, ils sont là, sur le balcon, ils ont la patience du nombre.

Un ordre. Un ordre suffira et ils obéiront. Un ordre suffit à tous les oiseaux de proie du monde pour briser les vitres, brandir leurs becs, vous déchiqueter.

Aucune issue. La porte est verrouillée de l'extérieur, il le sait, inutile de vérifier.

L'ordre ne venait pas. L'ordre ne venait jamais. La menace continuait à planer, longtemps, elle emplissait la pièce comme un gaz irrespirable, et la peur bientôt se changerait en un simple désarroi, s'évanouirait d'elle-même.

Il ouvrit les yeux, le front glacé de mauvaise sueur. Il faisait encore nuit. Le malaise tardait à se dissiper. Il refusait cette confusion dans son esprit. Il n'avait pas fait ce cauchemar depuis des années.

Fallait pas vous biler, m'sieur le maire...

Souvenirs, vieux compagnons de route mal apprivoisés, toujours prêts à ruer dans les brancards — souvenirs indirects, par personne interposée, car il avait quitté trop tôt Nice pour affronter de face les Allemands.

Cette vision, le dernier matin. La mer hachée, grise. Abraham collait son nez contre la vitre arrière. Ils étaient là, sur les galets, demi-nus, les pieds dans l'eau, l'aspect inoffensif, au fond, s'il n'y avait eu près d'eux l'uniforme bien plié et les rangées de bottes.

Une tempête se préparait. En hâte le garçon de plage repliait les parasols inutiles. L'autocar accélérait.

Encore aujourd'hui, l'abbé ne parvenait pas à considérer ces heures comme une suite d'événements coordonnés et logiques.

Logique, par exemple, le visage bouleversé de sa mère ? Acceptable ? La lumière à flots, la tristesse. Nous reviendrons, Abraham, nous reviendrons, promis — elle tiendrait sa promesse, chaque nuit. Elle remontait dans le car. Les valises entassées sur le toit, le chiot qui s'aventura entre les roues et qu'on faillit écraser, la grosse bâtisse à l'angle de la place, qu'on appelait « le château » et d'où, du soubassement, coulait un filet d'eau...

Yaëlle à ses côtés, muette. Il les avait accompagnés du regard, mais ne les avait pas suivis.

L'immobilité suggère des fantômes que l'action élimine. L'abbé repoussa les draps. Des draps si frais, si parfumés, qu'il avait l'impression d'avoir dormi à la belle étoile.

Marie, mère de Dieu, compagne sereine. Tout ce qu'il avait aimé. Tout ce qui avait enchanté son cœur. Il se sentait sûr de lui et plein de force. Si grande était son exaltation. Sa fougue trop longtemps contenue ne demandait qu'à reprendre du service.

Jamais les propos du père supérieur ne sortiraient de sa mémoire. C'était le jour précédant son départ :

— Tu as, je le sais, le goût des sensations fortes...

Un conseil, Jean-Pierre : quel que soit le combat que tu te prépares à mener, le moindre geste d'importance, la moindre parole décisive, accorde-toi trois minutes de réflexion...

Il lui offrit le sablier en métal argenté, bel objet qu'il avait cru perdu et retrouva dans une malle à son retour d'Indochine.

L'abbé alluma. L'abat-jour avait la forme d'un cône tronqué. La lumière sortait par-dessous ou par-dessus : elle n'éblouissait pas. *Les Indiscrétions d'Hercule Poirot*, il n'en avait lu que le premier chapitre, à Marseille. Grand amateur de romans policiers, il les dévorait avec passion. Cette faim, cette impatience grandissante l'intéressait davantage que l'ultime coup de théâtre, superflu, agaçant.

Lui aussi s'était fait détective, à sa façon. Il avait déjà trouvé, il connaissait la solution mais cherchait sans relâche.

Le livre lui tomba des mains.

Les moineaux qui se chamaillaient sur la place le tirèrent du sommeil. Un jour clair, l'odeur du café, et le soleil chantait.

Il se rua hors du lit. Un broc émaillé était posé au pied de la table de toilette. Il fit ses ablutions, puis descendit son vase de nuit.

— Bonjour, l'abbé, bien dormi ?

— Jusqu'à épuisement, oui.

— Vous ronflez, dites donc ! Je vous entendais d'ici !

Il sourit, d'une humeur de petite pluie fine.

Le pain était bis, les tartines immenses, le bol si large que, l'ayant saisi à pleines mains, ses doigts se touchaient à peine.

Le nom de José Figuerette amena sur les lèvres d'Eponine une moue indulgente :

— Tout ça, l'abbé, c'est des blagues de l'ancien

temps ! Tonin, il les prend au sérieux, faut comprendre... il vit dans son monde. Mes parents, je me souviens, ils le ressortaient, le José, quand j'avais fait une bêtise... Ben oui.... Et ça m'arrivait souvent ! Un jour, tenez, j'avais volé une brioche chez la boulangère. Mon père l'a appris. Il était furieux. Sûr et certain que je méritais le châtiment ! Il allait venir me chercher, l'autre, au milieu de la nuit, et me tirer par les pieds ! J'ai pas fermé l'œil, vous pensez...

À la voir ainsi, sévère, vêtue de sombre, le chignon aussi haut relevé que bien la langue pendue, on imaginait difficilement qu'elle avait été, comme les autres, à des années-lumière de là, une gamine espiègle et chapardeuse.

— Elle était bonne, au moins, cette brioche ?

— Ah ça !

Elle gloussa. Elle en avait encore l'eau à la bouche.

— Ça me revient, maintenant... Le Figuerette, je crois bien que ma mère elle lui donnait un prénom différent... Un drôle de prénom de pas d'ici. Attendez... Josué, peut-être... Ça ne change rien, au fond !

Erreur, pensa l'abbé, qui commençait à comprendre. Le surnaturel vient enrober les vieilles rancunes ancestrales, on invoque des contes de bonne femme, et le tour est joué.

— Sais-tu qui était Josué ?

— Je vous beurre une autre tartine ?

— Moïse le désigna comme son successeur, choisi de Dieu, pour conquérir la Terre Promise...

Eponine déjà remuait ses casseroles, elle avait d'autres chats à fouetter, des légumes à éplucher, elle n'allait pas le laisser mourir d'inanition, son abbé !

Ces curés, ça vit dans les nuages, ça en oublie les réalités, ça se nourrit de trois fois rien, un bout de pain par-ci, un morceau de fromage par-là, un coup de vin de messe par-dessus, ça se néglige la santé, c'est maigre comme un oiseau et un jour... les pieds devant.

Sur quoi, Sosthène Maroujal fit son entrée. Il mâchonnait une allumette, l'air gêné.

— Puis-je vous parler un instant, monsieur l'abbé ?

— Volontiers.

— Seul à seul, voulez-vous ?

— Soit. Dehors. Nous serons plus tranquilles.

Ils quittèrent la cuisine. Le maire se détourna :

— Elle... elle vous convient ?

— Une perle.

— Prenez garde.

— Oui ?

— Je ne vous donne pas un mois avant de venir tâter de ma balance... Méfiez-vous : elle indique deux kilos de moins !

Le piètre état du jardin navrait l'abbé, ces friches, ces buissons desséchés qui, avec l'arrivée imminente du printemps, se changeraient en une jungle d'orties et de ronces où il n'était pas dans ses intentions de jouer les missionnaires.

— Mon prédécesseur n'était guère porté sur les travaux de plein air, à ce que je vois...

— Le pauvre, avec ses rhumatismes ! Il essayait tous les nouveaux traitements. Tous. Sans exception. Je suis bien placé pour le savoir...

— Et c'est moi qu'on traite d'apostat !

— Pardon ?

— Vous êtes vous aussi, dans votre spécialité, un confesseur, n'est-ce pas ? Chacun vous confie ses petites misères...

Il se sentait fort comme un bœuf, l'abbé, ce matin-là, et de taille à vous labourer tout ça en moins de temps qu'il n'en faut pour le dire.

— Je préfère vous prévenir, monsieur l'abbé : une rude besogne vous attend.

— Je m'en doute.

— Ce n'est pas ce que vous pensez. Certains, ici, et je le regrette, sont loin de vous porter dans leur cœur...

— Déjà ?

— Tenez, j'en parlais encore l'autre jour avec Amédée...

— Amédée ?

— Notre garde-champêtre. Hier, il s'était promis une visite de politesse, mais il jouait aux dominos chez ses beaux-parents, dix centimes le point, la partie s'est éternisée, si bien qu'il n'a pu se libérer...

— Il est tout excusé.

— Il a l'œil, Amédée. Et l'oreille fine. Rien ne lui échappe. Le climat n'est pas fameux. Comme vous le savez, j'ai fait des pieds et des mains pour vous avoir. J'ai aussi pris mes renseignements. *L'Indo*, ça ne devait pas être drôle tous les jours !

— Oublions cela.

— Je vous explique. Arlette, mon épouse, me répétait constamment qu'un village sans prêtre ce n'est plus un village, il manque une âme, l'essentiel... J'étais d'accord. Maintenant que vous êtes là je m'en félicite, mais je ne néglige pas pour autant une partie de la population qui s'est montrée plutôt... plutôt hostile à votre égard.

— Bigre !

— Le père Roque s'est installé à Combejalade voici près de trente ans. Vous admettrez qu'on prend des habitudes.... Beaucoup appréciaient son style un peu désuet, très avant-guerre... En particulier les sœurs Porteil. Je crois savoir qu'elles vous considèrent, à tort ou à raison, comme indigne de la soutane que vous... que vous ne portez d'ailleurs pas.

Les doigts de Maroujal faisaient un va-et-vient constant entre son lobe gauche et son lobe droit. Le sang affluait.

— C'est délicat, monsieur l'abbé. Extrêmement délicat.

— Inutile de vous alarmer. J'irai dès ce matin les trouver. Nous réglerons la question.

— Je ne vous le conseille pas.

— Pourquoi donc ?

— Elles vous recevraient à coups de fusil. Elles se tiennent les coudes, vous savez, Eugénie, Amélie et Eulalie ! Elles sont restées vieilles filles. Pas mauvaises, au fond, mais un caractère de cochon. Le commerce, elles l'ont hérité de leurs parents... qui eux-mêmes, etc. Bref, la nuit des temps. Elles ont eu à se défendre, dans la vie. Trois femmes seules, vous pensez ! L'ennuyeux, c'est qu'elles exercent une réelle influence, ici. Chez les... les personnes très pieuses, voyez. Elles entretenaient des rapports étroits avec le père Roque. Toujours fourrées au presbytère ou à la sacristie. Elles ne vous rateront pas ! Dès la première occasion !

— Quels griefs ont-elles contre moi ?

— Ce n'est un secret pour personne : vous êtes juif !

— Je suis chrétien, monsieur Maroujal. *Chrétien*, comprenez-vous ?

L'abbé bouillait. Ses jambes semblaient douter du sol.

— C'est pas possible, murmura Maroujal.

— Vous dites ?

— Je ne fais que répéter ce que pensent nombre de mes administrés. Juif et chrétien, à leur avis, ça ne tient pas debout. Ce sont bien eux qui ont livré le Christ aux Romains, non ?

— Voyons, vous n'allez pas tomber dans ce travers !

— Ce sont également mes électeurs...

— Evidemment. Je saurai gagner leur confiance, Je vous le promets. La vie est une corbeille de fruits. Ne les laissons pas se gâter. Ecoutez...

Des idées, l'abbé en avait et les communiqua. En un premier temps, aménager un local pour les adolescents. Qu'ils mûrissent et s'éveillent l'esprit, qu'ils souhaitent rester au pays et y fonder famille plutôt que de répondre à l'appel trompeur des

44

villes ! Des activités seraient organisées, telles que la poterie, le tissage, l'expression corporelle, la musique. Les vieux auraient également leur coin à eux, un foyer bien douillet. Bibliothèque, veillées, soirées rétro, de l'animation, de la gaieté ! Et, réunissant ces deux tranches d'âge, une chorale, pourquoi pas ?

L'abbé rêvait, encore une fois.

Ces propositions reçurent de la part du maire un accueil mitigé. Il opposa des tâches plus urgentes, le problème de l'emploi, la voirie déficiente, promit cependant d'étudier la question au cours d'un prochain conseil municipal.

Maroujal prit la fuite. Non, non, ne me raccompagnez pas. Une chorale ! Qu'allez-vous répondre à cela ?

L'abbé, seul au milieu des broussailles, s'emplit largement les poumons.

Respirer un grand coup c'était pour lui le minimum vital.

Le charme et la douceur de l'endroit prédisposaient au farniente, aussi l'abbé redoubla-t-il ce jour-là d'activité. L'église l'attendait. Fernand, le cantonnier, vint le rejoindre en fin de matinée

Curieux personnage, ce Fernand, bon à tout, bon à rien, comme au bistrot il se plaisait à le clamer, sale comme un peigne, un éternel chandail à col roulé lui dévorant le menton, les joues couleur de petit salé, le nez comme un rondin, la bouche de travers et l'œil toujours l'air de dire : que voulez-vous que ça me f... ?

C'était un excellent ouvrier. On appréciait son habileté, on lui confiait sans hésiter de gros ou menus travaux, plomberie, maçonnerie, jardinage ou électricité.

Fernand avait la main taupée. Il guérissait les

maux de dents. On venait le trouver. Le lendemain à coup sûr l'abcès avait dégonflé, la douleur s'était envolée. Il ne ratait jamais l'occasion d'une plaisanterie, d'un bon mot. Il avait une façon bien à lui de regarder les femmes. Une profonde balafre barrait son front, de l'arcade sourcilière gauche à la tempe droite, œuvre, à en croire les médisants, d'une brave mère de famille qui, serrée de trop près, avait derechef brandi son tisonnier.

Fernand-la-bricole, le reste du temps, fauchait les herbes folles au bord des chemins.

En quelques heures, l'église prit un air de fête. On pulvérisa du désherbant dans la maison de Dieu. Eponine balaya le confessionnal, épousseta l'autel, le crucifix, les fonts baptismaux, jusqu'à la Madone qui retrouva soudain son vrai visage, béatitude à nouveau visible d'une mère comblée par cet enfant roi qu'elle avait engendré.

L'échelle qui menait à la chaire fut remplacée par deux escabeaux accolés l'un à l'autre. Fernand grattait la fiente des moineaux, fouettait du plâtre, comblait les trous. L'abbé lessiva les dalles, lançait baquet sur baquet, frottait à la brosse, agenouillé.

Au grand dépit d'Eponine, ils prirent à peine le temps de manger. Quel gâchis ! A-t-on idée !

Restait l'harmonium. Des touches étaient cassées. Nombre de tirettes avaient rendu l'âme. Les pédales grinçaient.

Selon Fernand, personne au village ne savait encore en jouer. L'abbé, de son côté, n'avait jamais montré pour la musique que des dispositions limitées. Il se promit néanmoins de le remettre à neuf, de le faire accorder.

Il inspectait les recoins. Il s'irrita des graffiti à demi effacés qu'on déchiffrait au bas des piliers.

« Mon Dieu faites que Victor soit reçu à son examen... »

« Mon Dieu faites qu'il m'aime comme je l'aime... »

« Mon Dieu faites que j'aie mon permis de conduire je le mérite... »

L'un d'eux, plus récent, très lisible, attira son attention. Il en éprouva un réel malaise.

« *Dehors, les youpins !* »

C'était écœurant et sordide.

Éternel, notre Dieu, nous sommes tous tes enfants.

Fernand rompit le silence et sortit de la poche de son bleu taché, informe, une flasque à whisky en métal brossé.

— Goûtez, m'sieur l'abbé... C'est du supérieur. Rien à craindre !

L'abbé, qui avait soif, ne sut refuser. La flasque s'avéra contenir un excellent rosé.

Tiède.

— Dites...

— Oui, Fernand ?

Du revers de sa main crasseuse l'intéressé essuya le goulot :

— Sauf votre respect... Israélite et juif, c'est kif-kif, non ?

— En effet.

— Dans ce cas, m'sieur l'abbé, à votre santé...

Eponine revint. Elle disparaissait derrière une pleine brassée de jonquilles et ses yeux dans tout ce jaune brillaient de fierté.

On disposa les fleurs en bouquets sur l'autel.

— Ça a de l'allure, dit Fernand.

Et hop, une nouvelle rasade.

— Ça, vous avez fait du bon travail, renchérit Eponine.

— Sans vous... riposta faiblement l'abbé.

— J'ai une idée ! Elle vaut ce qu'elle vaut, mais... Pourquoi on ne sonnerait pas les cloches, maintenant, comme il faisait le père Roque quand il voulait nous annoncer une bonne nouvelle ?

— C'est vrai, ça, approuva Fernand. Prévenons-les ! Ils seront pas déçus du voyage !

L'abbé tira sa montre-oignon.

— Un peu tard pour les vêpres, je le crains...

— La belle affaire ! C'est pas une journée ordinaire ! Allons-y !

Pourquoi attendre, en effet ? Il donna le signal, et aussitôt Fernand se dirigea d'une démarche incertaine vers le portail, où la corde pendait.

Les cloches, c'était son rayon.

Elles résonnèrent bientôt à toute volée, leur carillon grimpait à l'assaut des collines, la vallée fut prévenue, l'horizon répondit, Fernand, dans les brindes, mêlait allégrement les rythmes, c'était toc-sin, couvre-feu, angélus aussi bien que matines.

L'abbé le rappela à la raison — vêpres, Fernand, *vêpres* !!! — puis rejoignit la sacristie. Ses vêtements sacerdotaux l'y attendaient, fraîchement repassés, amidonnés.

Les quelques hosties qui restaient ne payaient guère de mine.

Il se souvenait de la conversation qu'il avait eue avec Maroujal. Un doute le saisit. Viendraient-ils ? Sachant qu'il était juif, ne craindraient-ils pas d'être, par leur seule présence à l'office, convertis à une autre religion que la leur ?

Il s'approcha de la fenêtre. Des curieux étaient apparus sur la place.

Il se frotta les yeux car la sieste s'achevait.

Ils disparurent.

On le mettait à l'épreuve. On le narguait.

Il s'en trouva cependant pour venir, des audacieux qui entendaient ne rien perdre du spectacle.

Le facteur, en premier. Puis Julien Cantarel. Puis Amédée, le garde-champêtre. Puis le maire, bien obligé, d'autres encore, des inconnus — il apprendrait à les connaître.

Ils roulaient des yeux étonnés. Ils se trompaient d'église. Force leur était de constater que ce curé ne rechignait pas à la tâche !

Les trois bigotes manquaient évidemment à l'appel.

Soudain, à la stupéfaction générale, Mado passa le seuil. Eponine ne lui accorda pas un seul regard. Elle désapprouvait.

L'allure fière, le port droit, des seins hauts qui engueulaient le ciel, jeune fille au teint de lait, belle à peindre mais de petite vertu, c'était un cœur gros comme une maison, Mado, un chalet de montagne où le poêle ronfle quand dehors la tempête fait rage.

Elle prenait la vie du bon côté, Mado, elle était ivre simplement d'être au monde et ne dessaoulait pas.

Chez elle, impasse du Cheval-Vert, une multitude de chats somnolaient çà et là, sur le lit, sous la baignoire, au sommet des armoires, princiers, bien gras. Elle les recueillait tous, les matous de passage, les éclopés en mal d'abri, les rôdeurs fiers-à-bras.

Sauf les noirs. Ils portent malheur. C'est comme ça. La discrimination... toujours !

Les hommes entraient quand ils voulaient, à court de réconfort, de câlins simplement humains, de tendresse sans hâte, ils restaient un moment, et parfois (toujours) avant de partir ils laissaient un petit quelque chose.

Aujourd'hui, elle que les honnêtes femmes montraient du doigt, elle que la bouchère refusait de servir mais que monsieur son époux fournissait ensuite, sous le manteau, en steaks de choix et des plus tendres, elle qui se sentait si proche des exclus, des bannis de tout poil et qui du temps du père Roque s'aventurait rarement à l'église, lançait un défi à la population.

Juif ? A la bonne heure ! On allait voir ce qu'on allait voir. Elle s'assit au premier rang, posa sur ses genoux son sac façon croco, croisa les bras, leva le menton et attendit.

D'un regard, l'abbé jaugea avec gratitude la maigre assistance. Il les ramènerait au bercail, un à un. Depuis Vatican II, il avait pris pour règle de célébrer l'office de face, et en français. Un choix. Une option de clarté. Déjà, en Indochine, il s'y était essayé. C'était presque, alors, de la clandestinité.

On aurait entendu une libellule voler lorsque s'éleva l'*Introït*.

Eponine et Fernand servaient la messe. Très émue, la poitrine bombée, Eponine se donnait des airs bibliques. Fernand titubait. Des flasques, il en préparait chaque matin un certain nombre en prévision de la longue, très longue journée à venir.

Il fractionnait. Par petites doses. Jamais à découvert d'un litre entier. Cela aurait pu nuire à sa réputation.

Son rosé de Provence même si ça n'était pas du Taittinger, fit un vin consacré plus qu'estimable.

Moment tant attendu, l'abbé monta enfin en chaire.

Sa gorge se noua. Il devait se montrer prudent.

— Mes bien chers frères... Merci ! Merci d'être venus ! Avec les moyens du bord nous avons réparé le navire. Il est à flots. Il va reprendre la mer. Maintenant, me disais-je il y a peu, tandis que le bon Fernand sonnait les cloches, il ne reste plus qu'à rappeler l'équipage. Sans jeter la pierre à mon homologue de Fondoubine, ici est désormais votre place ! Dans *votre* église ! L'appel émanait de vous, et de vous seuls : je me suis empressé d'accourir...

Il donnait de la voix, il s'enflammait, sans reculer devant les pieux mensonges. Il pensait à l'agonie de Jésus sur la colline surpeuplée.

— Voyez, dit-il, vos craintes étaient infondées, je n'ai ni trois bras ni deux têtes, je suis tel que Dieu m'a fait, tel qu'il a fait tous les hommes. Bien sûr, tous nous sommes différents puisque nous sommes nous-mêmes, mais sachez que dans Son regard les particularités s'estompent au profit de l'immense bienveillance qu'il éprouve pour ses enfants ! *L'amour empêche Dieu de rester seul*, écrivit saint Thomas d'Aquin. Oh, comme cela est vrai ! Oh, combien ces querelles, ces rancunes, ces divisions, ces conflits pour ceci, pour cela, apparaissent à la réflexion comme de dérisoires garde-fous disposés entre Lui et nous ! Ensemble, n'en déplaise aux absents, nous mènerons à bien de grands travaux ! Ensemble, et à Combejalade, dans *notre* église !

Il subjugua par sa faconde, sa sincérité.

— Votre tiédeur religieuse, mes bien chers frères, n'est en définitive qu'un mécanisme de défense contre un appel que vous ressentez au plus profond de vous, un appel puissant mais qui dérange votre train-train commode, cette coquille vide dont le divin est absent !... Mais le temps passe ! Les heures s'accumulent ! N'écoutez pas les mauvais bergers qui rejettent l'essence spirituelle de l'homme et prétendent avoir tout compris ! N'attendez pas le dernier sommeil pour vous réveiller ! La foi ? Une assurance sur la vie !

Des applaudissements crépitèrent. Ce diable d'homme savait parler de Dieu comme personne, à dire vrai.

4

Dès la pointe de l'aube, l'abbé prenait le chemin de la garrigue. Au rythme de la marche il recommençait à exercer son ministère. Il ne réfléchissait bien qu'à l'air libre. Très vite, entre quatre murs, il étouffait— sauf dans son église, ou dès qu'il entrait le phénomène s'inversait, comme si les collines avaient senti le renfermé.

Il aimait à se rapprocher de la mémoire vivante qui est en chaque arbre, chaque pierre, chaque touffe de thym, ce thym rabougri, poussiéreux, à peine odorant, gorgé de mistral et de soleil. Sa musette kaki, qu'il portait en bandoulière, contenait un piolet. Il ne prospectait pas. Il se penchait si peu. Le front à la lumière, il remuait ciel et terre. Plutôt le ciel.

Il avait découvert son premier fossile, un modeste bivalve inclus dans un bloc de calcaire grossier, au-dessus de Villecroze, deux mois avant la Libération. Il s'étonna qu'une palourde ait pu laisser son empreinte si loin de la mer. Ses parents adoptifs l'éclairèrent. Jadis les océans noyaient ces terres en totalité. Ils s'étaient ensuite retirés. C'était là l'une des explications possibles du déluge. Elle valait largement les autres.

L'abbé avait depuis gardé le goût de la paléontologie. En amateur. Quelques oursins. Une molaire supérieure de rhinocéros (supposée). Une étoile de mer. Il s'en satisfaisait. L'important était de continuer. Il jetait son sac kaki en bandoulière, y enfouissait le piolet : un acte de fidélité envers Villecroze, la place où le car avait démarré et tout ce qui en avait découlé.

Jusqu'ici. Jusqu'à ce village dont certains paroissiens, encore, se faisaient tirer l'oreille.

Au bout d'une heure, sa jambe renâclait. Il rentrait pour la première messe, celle où on tousse et où semble flotter dans l'église une odeur de lit et de café.

L'abbé fit savoir qu'il attendait le jeudi matin les enfants au presbytère, ceux qui étaient en âge d'assister au catéchisme.

Peu répondirent présent. Ils s'assirent en cercle dans le jardin. Ils regardaient les fourmis. Ça trotte les fourmis. C'est automatique. C'est automatique et ça vit.

L'abbé se révéla être un merveilleux conteur. Il se plaçait à leur hauteur, multipliait les anecdotes, les coups de théâtre, les détails époustouflants. L'histoire du monde, sa création, son peuplement, les enfants devaient l'interpréter comme la plus belle des aventures.

La Terre vous appartient. Comme elle appartenait à vos parents. Comme elle appartiendra à vos descendants. Un bien commun, précieux. Vous en êtes tous responsables.

Commençons par le commencement. Le chaos. La lumière. Ainsi, au départ, se manifesta la volonté de Dieu. Adam : *terre rouge*, Eve : *mère des vivants*.

— Qu'est-ce que vous racontez, m'sieur l'abbé ?

— La vérité. Il est parfois fructueux d'examiner les mots, de les décortiquer comme des noisettes, d'en extraire leur plus ancienne signification. En l'occurrence, l'opération nous édifie. Ils vivaient heureux dans le jardin d'Eden. Et voilà qu'Eve croque le fruit. Tout se complique.

Le péché originel à cause d'un pommier, ça les faisait marrer, les mômes, c'était rudement bien jeté! Le père Roque, lui, il se fâchait. Tandis que l'abbé...

Caïn, Abel, Henoch, ces noms sonnaient à leurs jeunes oreilles comme ceux des héros des bandes dessinées. Péripéties terribles. Ça se castagnait ferme.

Le déluge, ils ne se tenaient plus. L'abbé, l'orage éclatait dans ses yeux, la foudre tonnait entre ses lèvres. Dieu, mécontent d'avoir créé l'homme, dégoûté de tant de désinvolture à son égard, n'avait pas lésiné sur les moyens. La noyade, carrément. Quarante jours et quarante nuits de pluie torrentielle, imaginez donc ça en un pays si sec!

— A quoi elle ressemblait, cette arche, monsieur l'abbé?

L'intervention venait de Lucette Escarbassière, neuf ans, fille de viticulteurs, petite mésange, toujours à tourner autour des garçons, à les pincer là où il fallait.

— Les Ecritures disent qu'elle mesurait cent cinquante mètres de long, vingt-cinq mètres de large, et quinze mètres de hauteur...

— C'est vrai, ça, c'est pas des blagues?

— Dieu seul le sait, Lucette! Faisons-lui confiance.

— Elle avait des voiles?

— Je ne pense pas.

— Des rameurs?

— Tu me poses une colle.

— Comment elle avançait?

Ces esprits-là étaient si neufs, si libres de préjugés. Jamais l'abbé ne pourrait se résoudre à leur parler de l'enfer, du jugement dernier, gare de triage avant l'éternité.

Dieu n'est ni un méticuleux peseur d'âmes, ni un avocat général aux réquisitoires écrasants.

Dieu est amour et miséricorde.

Ils s'étonnaient des paraboles de Jésus, de l'eau changée en vin (surtout Lucette), du miracle de la résurrection.

— Pourquoi Marie de Magdala l'a pris pour un jardinier ?

— Elle ne l'a pas reconnu. Il revenait de si loin !

— Il portait un déguisement ?

— Mais non !

L'abbé jouait le jeu. Près de leurs jambes nues les fourmis continuaient, désabusées, indifférentes à ces considérations calées, de vaquer à leurs occupations.

La Sainte Trinité, cependant, les enfants plissaient le front. Un et trois à la fois, ça ne collait pas, c'était contraire à ce qu'on leur apprenait durant les leçons d'arithmétique, ça faisait une foule dans un désert, une bouteille pleine alors qu'on a déjà bu ce qu'il y avait dedans, un sac de billes toujours rempli et pourtant on y puise, on gagne, on perd et ça recommence.

Alors l'abbé leur dit :

— Vous aussi, sachez-le, vous êtes à la fois un et plusieurs... Toi, Lucette : tu es là, maintenant, mais il y a en toi également, en germe, la grande personne que tu seras plus tard. Et cela, vois-tu, ne dépendra que de toi. De toi seule. Ainsi, à cette minute, coexistent en toi tous les possibles. La vie t'amènera à faire des choix, comme tous tes camarades. Pour ce faire, Dieu, qui ne voulait pas entendre parler de la prédestination car ce serait trop facile, nous a dotés du libre arbitre... L'histoire du veuf et de l'ivrogne, vous la connaissez ?

Les têtes ébouriffées s'agitèrent de droite à gauche, ce qui chez eux étaient un signe évident de grande perplexité.

— Bien. Je vais vous la raconter. Le veuf était un homme replet, jovial, toujours tiré à quatre épingles. Quelques années auparavant, une grave maladie lui avait enlevé son épouse. Depuis, il menait une vie charitable, soulageait de son mieux les misères d'autrui. Un matin, il rencontre l'ivrogne et aussitôt se dégante pour lui serrer la main :

— Alors, père Saturnin, comment allez-vous ?

L'homme, qui a passé la nuit dans un mauvais lieu, tient à peine debout. Il réplique, d'une voix pâteuse :

— Oh, monsieur, comme d'habitude ! Pas fort ! On ne peut pas dire que je sois du genre béni des dieux ! J'ai plus le sou ! Si je crevais là, à l'instant, sur ce trottoir, personne ne viendrait me porter secours ! Est-ce juste, monsieur ?

— Allons, père Saturnin, ressaisissez-vous ! Regardez-moi. N'ai-je pas...

— Vous, c'est différent, monsieur.

— Différent ? J'ai moi aussi affronté bien des désagréments ! Mon épouse était la plus belle, la plus aimante des femmes, serviable et souriante à chaque heure du jour... Sa maladie, père Saturnin... J'étais terrassé. J'appelais la mort de toutes mes forces. Elle seule m'aurait permis de la rejoindre. Pas un matin que je ne me rende au cimetière. Je fleurissais sa tombe. Je lui parlais. Et je sais, père Saturnin, qu'elle me répondait, changée en brise qui fait bruire les feuilles des peupliers... Parfois même dans le ciel un nuage adoptait la forme de son doux visage... La vie, ma foi, est une drôle de chose !

— Je ne vois pas ce qu'elle a de drôle, monsieur.

— Je ne mangeais plus. J'ai à présent repris goût aux plaisirs de la table...

— Jamais faim, pour ma part. Plutôt soif !

— J'étais un jeune homme de bonne famille. Je n'avais qu'un espoir : trouver le bonheur, fonder un foyer... Je me souviens de la minute exacte — bénie ! — où pour la première fois nos regards se sont croisés...

— On est tous soumis aux caprices du sort, monsieur.

— Un jour, père Saturnin, elle me fixa rendez-vous dans le parc municipal. Imaginez ma joie ! Je courais comme un fou. Son gentil minois dissimulé sous une voilette rose...

— Figurez-vous, monsieur, qu'en empruntant à droite et à gauche j'avais enfin pu ouvrir une... une librairie spécialisée. L'ennui, c'est que je n'ai jamais eu l'esprit commerçant. Ce que je voulais, c'est qu'on me fiche la paix. J'ai fermé ma porte à double tour. Je vivais une manière de bonheur. Je lisais tranquillement les livres de mon stock en sirotant des liqueurs. On ne venait plus me déranger. Hélas ! il m'a fallu rembourser mes dettes... Un sale coup ! J'ai tout vendu. J'oubliais : entre-temps, je m'étais marié. Ma première cliente. Et ma dernière.

— Nous coulions des jours heureux, père Saturnin. Puis cette atroce maladie ravagea ses traits. Un jour, prise de vomissements, elle s'alita. Toute une nuit nos doigts restèrent entrecroisés tandis qu'elle se préparait pour le grand voyage...

— Moi aussi j'ai souvent failli partir, monsieur. A l'étranger. Je ne pouvais pas, à cause de ma femme. Ces temps-ci, tenez, je la soupçonne de verser du poison dans mon vin. Oui, monsieur, du poison. Lent, sans doute, très lent... On ne choisit pas. Tous logés à la même enseigne, allez ! Le destin...

Les enfants décrochaient :

— On n'y comprend rien, à votre histoire, m'sieur l'abbé !

— Qui c'est ce père Saturnin, on le connaît ?

— Ce n'est... ce n'est qu'une fable. Que constatons-nous ? Aucun idéal ne guide ces deux hommes. L'un vit sur le passé, l'autre dénigre au présent toute vertu, et sombre. Tous deux, à leur manière, sont intimement persuadés que leur vie était tracée d'avance. N'en croyez rien ! Ne laissez personne, jamais, vous dicter votre conduite. Ce serait, soyez-en certains, contraire à la volonté de Dieu. Là où vous voulez aller, eh bien allez-y, foncez ! Ce que vous avez sur le cœur, eh bien dites-le ! Seuls les faibles, les lâches, prétendront qu'il n'y a qu'un chemin possible, de préférence rectiligne, carrossable et sans embûches... Ayez foi en vous-même, Dieu dès lors sera là qui vous tiendra la main, d'égal à égal serais-je tenté de dire, pour vous permettre d'aller plus loin... jusqu'à son Paradis.

— C'est où, le Paradis ?

— Dans vos cœurs.

A midi *manque un quart*, Eponine sonnait invariablement la cloche. L'abbé n'avait pas senti le temps passer. Rendez-vous fut pris en début d'après-midi dans le grand pré qui jouxtait la cour de l'école.

Une lettre de Yaëlle l'attendait, posée sur la table de la salle à manger, à droite de son assiette où des coucoudecelles fumaient.

Il avait échappé aux tripes.

— Mangez, l'abbé !

Il examina l'enveloppe, d'un format inusité en France, les timbres colorés, ces caractères hébreux qu'il ne savait pas déchiffrer.

Il lui avait écrit deux semaines avant de quitter Marseille. Il lui confiait sa joie et ses scrupules. Était-il vraiment l'homme de la situation ?

On devinait une légère trace de doigt à l'angle supérieur de l'enveloppe. L'empreinte, elle aussi avait franchi les mers et venait de là-bas.

L'empreinte du pouce de Yaëlle.

N'y tenant plus, il saisit un couteau. Eponine, horrifiée, recula. L'abbé ouvrit l'enveloppe.

Deux feuillets noircis recto-verso. Plus que des mots.

— Soyez raisonnable, l'abbé, elles vont refroidir !

— Vous voulez la lire ?

— Vous me vexez ! Elle va bien, votre sœur ?

— Il semblerait.

Yaëlle avait préféré rejoindre la terre d'Israël. Peut-être n'admettait-elle qu'avec réticence qu'on consacre sa vie au Christ quand on s'appelle Lévy.

Il n'avait pas qualité pour la juger. Mais elle, de son côté ?

Mon Dieu, combien nous sommes faibles vis-à-vis de nos blessures.

Eponine tournait autour de la table en ronchonnant. Elle desservit. Il n'osa refuser sa confiture de figues.

Eponine n'utilisait sa chambre que l'après-midi, pour une courte sieste. Elle partait à la nuit tombée prendre soin de sa vieille maman, à l'autre bout du village, revenait au matin très tôt.

Elle qui dormait à peine quatre heures par nuit, le sommeil éternel ça la chiffonnait. Elle se voyait mal, là-haut, compter ses mailles tout en dormant

Dix fois par jour elle croyait devenir folie tant l'abbé dérangeait son ménage.

Il relut la lettre et s'accorda quelques cerises à l'eau-de-vie.

A quatorze heures précises, il attendait les enfants sur le terrain de foot. La leçon du matin avait porté ses fruits. Ils affluèrent.

Jeannot Sabatier, le fils de l'instituteur, traînait dans son sillage un curieux petit bonhomme, une douzaine d'années, beau comme un roi mage, la peau mate, les cheveux frisés, des yeux très clairs, vert d'eau, auxquels rien n'échappait.

Jeannot Sabatier s'approcha :

— Je vous ai amené mon copain, m'sieur l'abbé. C'est Mansour. Il n'est pas venu ce matin, mais faut pas lui en vouloir. Tout ça c'est parce que...

— Parce que ?

— Ben, c'te blague, parce qu'il n'a pas le même dieu que nous ! Il peut quand même jouer au foot ?

— Naturellement.

— Les autres, je vais vous dire, ils n'étaient pas de mon avis. Vous alliez être fâché, selon eux...

— L'intolérance n'a plus cours, Jean. Les guerres de Religion, c'est terminé. Même ici, à Combejalade.

Il serra la main de Mansour.

— La paix soit avec toi, fit l'abbé.

— D'ac', répondit Mansour.

Placé dans les buts de l'équipe du quartier haut, le môme y fit merveille. Il ne ratait pas un ballon. Les gosses dribblaient avec un tel acharnement qu'on aurait pu croire que leur avenir en dépendait. L'abbé sifflait, s'époumonait, se voulait partout, aux quatre coins du terrain, en oubliait sa jambe.

Un litige au sujet d'une remise en jeu douteuse apparut. Deux mômes roulaient dans la poussière. Sans se fâcher, l'abbé démêla cette boule en furie, bras et jambes enchevêtrés, demi-clefs, coups de poings. A leur âge, lui non plus n'aimait ni l'injustice, ni qu'on lui marche sur les pieds.

Les semaines passaient. Lentement, messe après messe, l'église se repeuplait. Cinq kilomètres en moins, ce n'est pas à négliger.

Eponine n'avait bien sûr pu s'empêcher de cancaner. Tous les commerçants connaissaient désormais l'existence du sablier.

Son usage demeurait énigmatique. On s'interrogeait.

Un jeudi matin les enfants voulurent en avoir le cœur net.

L'abbé grimpa le chercher. Il leur expliqua ce qu'il appelait sa « théorie du sablier ».

— Le temps de notre vie coule comme le sable, dit-il, brandissant l'objet. Mais la mort n'est pas la mort. Regardez : c'est comme quand on retourne le sablier...

— Et tout recommence ?

— Tout recommence, oui. Mais d'une façon que personne ne saurait imaginer.

— Même pas les curés ?

— Même pas, Lucette.

Les enfants en restèrent bouche bée. Le mystère s'épaississait.

Il reçut une lettre anonyme.

Les injures dataient, l'antisémitisme exprimé s'ornait de fautes d'orthographe à faire pâlir un élève du cours élémentaire.

Il la jeta au panier.

Il refusait d'y penser. Il en recevrait d'autres.

De l'aspirine, du bicarbonate de soude (réparer les excès que lui imposait Eponine), une pommade pour sa jambe, la douleur brusquement réveillée, le moindre prétexte lui était bon, il fonçait à la pharmacie.

Maroujal poussait les hauts cris.

— C'est le foot ! Ça vous jouera des tours !

— A propos, mon local...

— Oh ! Ça ! Attendez le prochain conseil !

— Réunissez-le en séance exceptionnelle.

— Comme vous y allez !

— Vous m'appuierez ?

— Promis !... Mais il y a le chemin communal numéro sept, celui qui va de la distillerie à la ferme du Troncet, qui aurait grand besoin d'être bitumé ! Les usagers se plaignent ! Nous projetons d'agrandir notre réseau routier, comme vous voyez...

Renvoyés aux calendes grecques, ses projets !

5

A quelque temps de là, il jardinait, coiffé de son chapeau de paille, lorsque Mado vint lui demander de l'entendre en confession.

Faite au moule, un regard bleu d'une rare espiè-glerie, elle portait une mini-jupe jaune citron et des espadrilles assorties. De malfaçon, pas une. Fille des hommes telles qu'en connurent, subjugués, les Élo-hims.

L'abbé sondait les cœurs vite et précisément. Les âmes cela demandait parfois plus de temps.

— En confession, vraiment ? C'est si important ?

— Et comment !

Il posa sa bêche, s'épongea le front.

— Ce que tu as à me dire exige-t-il le secret ?

— Ah, vous m'embêtez à la fin ! Ici ou ailleurs, hein !

Elle s'énervait. Elle baissa le nez. Ses yeux qui riaient.

— Vous en avez de chouettes fraisiers !

— J'espère qu'ils vont donner.

— Vous les arrosez ?

— En soirée. Qu'est-ce qui t'amène ?

— La tuile. C'est pas encore fait, notez...

Elle hésitait. Le soleil, ça lui donnait envie de pouffer, de bondir à travers champs. Elle eût de beaucoup préféré l'église, le silence, la pénombre.

Jésus, des fois, sur sa croix, il la déshabillait du regard, mais elle ne le prenait pas mal, c'était un hommage à sa bonne volonté, comme s'il lisait dans ses pensées.

Elle s'arma de courage :

— Le père du petit Mansour, vous le connaissez ?

— Saïd ? L'ouvrier boulanger ?

— Son pain, vous aurez beau chercher, vous n'en trouverez pas de meilleur dans la région !

— Je te l'accorde.

— Saïd, je vais peut-être vous l'apprendre, il est veuf. Saïd al Larbi, il s'appelle. Sa femme était enceinte, quand ils ont quitté l'Algérie. Il y a eu la guerre, là-bas...

— Je sais.

— Sa femme est morte à Marseille. Mansour avait six ou sept mois, à l'époque... Saïd, il travaillait déjà dans la boulangerie. Au bout d'un moment la grande ville il en a eu marre. Il est né dans les montagnes, pensez. Il a attendu que Mansour soit plus grand et d'avoir de l'argent de côté. Firmin l'a engagé. Il n'a pas eu à le regretter. Il y a deux ans, Saïd il est venu sonner. C'est des choses qui peuvent se comprendre, ça, chez un homme, je vais pas lui donner tort, il gagne correctement sa vie, même s'il y en a que selon eux j'aurais jamais dû recevoir un immigré. Qu'ils causent, moi je m'en fiche ! Saïd, c'est le gars poli, il est tendre, attentionné, il caresse mes chats, il leur apporte à manger, et c'est pas lui, comme font les autres, tout gentils qu'ils soient, qui se permettrait de me taper sur les fesses ! Seulement voilà...

L'abbé laissait dire. Il lui plaisait de considérer que les turpitudes des hommes ne sont jamais, aux yeux de l'Éternel, que des faiblesses passagères qui n'atteignent pas l'essentiel, ou à peine.

— Serais-tu en train de te payer ma tête ? Tes aventures... Garde-les pour toi !

— Attendez, mince ! Si vous croyez que c'est

facile ! Oh, une bergeronnette... Vous avez pensé leur installer un nichoir ?

— De grâce, Mado !

— Bon, bon, ça va...

— *Seulement voilà*, disais-tu. Que se passe-t-il ?

— Ben, Saïd... Saïd il n'est pas comme les autres !

— Pas comme les autres ?

— Il a des idées noires... Il est triste ! Tout le temps ! Je fais ce que je peux, je le déride, on se balade, rien à faire, il est d'un triste, d'un triste !

— Chacun son tempérament. Tout le monde n'a pas ta chance.

— Vous parlez d'une chance ! J'étais heureuse, moi j'avais mes chats. Et ma nichée. Eux, au moins, ils tirent pas des gueules d'enterrement ! J'en arrive à hier... Saïd, il avait l'air bizarre. Encore plus triste que d'habitude, si c'est possible. Je lui demande ce qu'il a. Voilà qu'il sourit à belles dents, pour la première fois ! Je vous jure, il choisissait mal son moment, il n'y avait vraiment pas de quoi !

Elle s'emmêlait les pédales et se sentait gourde face à ce curé bel homme, bien bâti et qui ne manquait pas de cran, il l'avait prouvé.

— Explique-moi ça. Quelque chose de grave ?

— Grave, non... Enfin, ça dépend du point de vue où on se place. Saïd veut m'épouser, m'sieur l'abbé. Il me veut pour lui tout seul. J'en pince dur, mais d'un autre côté...

— D'un autre côté ?

— Vous ne le trouvez pas un peu égoïste ? Qu'est-ce que je vais devenir, moi, si je l'écoute ? Une mousmée ? Le mariage, j'ai rien contre, mais... Il y en a des qui ne me portent pas dans leur cœur, ici ! Ce que je fais, pourtant, en un sens, il n'y a rien de plus chrétien...

— Ah ?

— Ben... c'est le don de soi.

— Tu exagères.

— Là non, je vous arrête, c'est dans la Bible ! Dieu, je l'ai lu, lui aussi il a dit : *Je fais la vie*...

Elle était la joie, la désinvolture mêmes, et l'abbé éprouvait à son égard une sympathie croissante, lui qui ne savait montrer son affection que par amour divin interposé.

— Non, Mado, il a *créé* la vie, c'est différent.

— Tout ça pour vous prévenir que ce mariage, si j'accepte, on n'a pas fini d'en entendre parler ! Ça va jaser ! Il est arabe, Saïd !

— Ça te gêne ?

— Moi non. Mais les autres...

— Mettez-les devant le fait accompli..

Elle se redressa, furibonde, ses mèches blondes en bataille, la voix cassée :

— J'ai de la religion ! Je suis baptisée ! J'ai fait mes deux communions ! Je veux pas me marier à la mosquée !

— Allons, calme-toi. Aucun cas n'est désespéré.

— Si vous le dites.

— Tu as une idée ?

— Des tas. Pas fameuses. La meilleure à mes yeux, ce serait encore qu'il accepte de se convertir au christianisme... Comme ça, ce serait vous qui béniriez notre union !

— Il serait d'accord ?

— Non, justement. Voilà le hic. Son chapelet aux cent noms, il en passera de l'eau sous les ponts, avant qu'il y renonce !

Homme simple, à la foi simple, l'abbé avait un net penchant pour les solutions simples. Le problème méritait réflexion. Y avait-il cependant un réel problème, deux aspects de la question entre lesquels trancher ?

Il imaginait difficilement conseiller à Mado de se convertir à l'islam...

— Qu'est-ce que vous en pensez, m'sieur l'abbé ?

Sans y prendre garde elle écrasa quelques fraisiers. Elle était résolue à changer de vie, à s'acheter une conduite. Un petit commerce, ça lui plairait. Celui de la mercière, par exemple. Ses chats, dans l'arrière-boutique...

Restait Saïd. Un vrai musulman, Saïd ! Il respectait la volonté du Prophète, ne buvait pas d'alcool, ne travaillait pas le jeudi soir, si bien que le lendemain le village, contraint et forcé, devait se résigner à manger du pain rassis.

Pas du tout cuit.

— Vous pourriez m'aider. Si vous le vouliez...

— En clair ?

— Ce serait gentil à vous d'aller le trouver. Il vous écouterait.

— Et que lui dirais-je ?

— Qu'il est mon homme... mais hors de question que je me marie à la mosquée ! Il comprendra. Vous avez l'habitude... Hein, que vous saurez le persuader ? Vous avez bien changé de religion, vous !

En équilibre sur un pied, le soleil dans les yeux, Mado prit son air le plus innocent. Ce n'était pas facile.

Après la messe de cinq heures, l'abbé monta dans sa chambre et retourna le sablier. Le maire refusait de l'écouter, mais d'autres réclamaient son aide.

Allait-il refuser ? Le sable s'écoulait. En trombe l'abbé dévala l'escalier.

Il poussa la porte de la boulangerie. Un carillon guilleret.

Firmin comptait des miches :

— Saïd ? Il est au pétrin... Vous allez me l'enlever ?

Ils s'attablèrent au Bar de l'Époque, devant deux cafés. Saïd évitait le regard de l'abbé. Son visage était celui d'un Kabyle, les yeux clairs, la peau cuivrée, dans les cheveux et la moustache des reflets mordorés.

Peut-être de la mélancolie, peut-être autre chose.

L'abbé avait à Marseille fréquenté quelques Algériens. Il connaissait leur mentalité. On fit donc traîner le cérémonial, on but un autre café, on parla de tout et de rien, de la pluie, du beau temps, du petit Mansour, roi incontesté du ballon rond.

L'abbé s'impatientait.

— Je sais que tu es veuf... Je sais aussi que le Prophète a dit : « L'haleine d'un homme marié est plus agréable à Dieu que la prière de soixante célibataires... »

— Ah, lâcha Saïd.

Il voyait où l'abbé voulait en venir. C'était le vif du sujet, et ça le gênait, ça le piquait un peu trop à vif d'y arriver si vite.

Il rêvait en secret d'habiter un pays langoureux et torride, entouré de femmes attentives, parées de fleurs de grenadier, pour qui il compterait juste ce qu'il fallait.

Mais il y avait Mansour. Et maintenant Mado.

— Désires-tu l'épouser ?

— C'est mon affaire.

— Votre affaire à tous les deux, voyons !

— Oui, bon. Je le lui ai demandé.

— Je vais être direct, Saïd : Mado m'a parlé. Elle t'aime, j'en suis persuadé. Toi, de ton côté, pour répondre à son amour ne souhaiterais-tu pas devenir chrétien ?

Saïd retomba sur terre, interloqué. Dans quel guêpier s'était-il fourré ?

— Vous plaisantez ?

— Tu ne serais pas le premier ! Henri IV, tu en as entendu parler ?

— Oui. Des histoires de kefta tous les dimanches...

— Sache qu'il n'a pas hésité une seconde, lui, pour mettre fin aux hostilités, à se convertir ! « Paris vaut bien une messe », telles furent ses paroles, au bon roi Henri. L'exemple vient de haut, j'en conviens... Réfléchis. Il ne s'agit en aucune façon d'un sacrifice. Même si cela était ! Ne crois-tu pas que Mado le mérite ?

Ça l'étonnait un peu, Saïd, d'entendre l'abbé lui vanter la *vraie* religion.

Il se butait. Il aurait préféré être ailleurs. Soudain (une éternité plus tard), son visage s'éclaira :

— Je ne pense pas que vous ayez raison. On m'a élevé dans la foi de l'islam, et si vous voulez mon opinion, adopter le christianisme ce serait revenir en arrière. D'abord, voyez, il y a eu les juifs, en queue de peloton, après les chrétiens, et encore après, en tête, le prophète Mahomet...

Le monothéisme à travers les âges, avec Saïd, ça devenait l'arrivée du tour de France.

— Il m'a expliqué, l'imam... Coran, en arabe, ça veut dire « récite ». Moi, c'est ce que je fais, c'est ce que tous les futurs élus se doivent de faire. Exercer sa mémoire par les sourates, sinon on risque d'oublier que l'on vit et qu'Allah, lui, jamais ne nous oublie... Mado, je ne vais pas la traîner à la mosquée ! Il y a eu Khadidja. Il y a eu Zobeida, la cousine de Mahomet. Il y a eu Lella Fatma, la prophétesse. Il y a eu Lella Zohra, la mère d'Abdelkader, que son fils vénérait. Les femmes, monsieur l'abbé, moi je les respecte ! Je les respecte, mieux encore je les aime, parce que le premier sourire au-dessus de mon berceau fut celui d'une femme, parce que mon premier bonheur, mon premier amour, je le dois encore à une femme, mon premier chagrin toujours une femme, et vous le savez, c'est une autre femme qui m'a consolé, qui m'a redonné goût à la vie. Sans les femmes, rien ! monsieur l'abbé. Dans votre religion, c'est la même chose, n'est-ce pas ?

Mado avait raison : Saïd parlait rarement à la légère...

— On ne te voit plus, reprocha l'abbé à Tonin

lorsqu'il le rencontra le lendemain matin dans les collines.

— J'étais à l'église, pourtant, l'autre dimanche.

— Tu te cachais ?

— Oui. Derrière un pilier.

— Et à part ça ?

— Je vais, je viens... Un de ces jours, j'en apprivoiserai un !

Tonin brandit son bâton, pointe rougie au feu, dévoila sa technique :

— Je me les attrape comme ça, regardez... Ils ne mordent pas. Il n'y a aucun danger.

Tonin s'était pris ce printemps-là de passion pour les orvets. Ils avaient dormi un long hiver, des fois sept ou huit dans le même trou, maintenant ils réapparaissaient.

Ce sont des animaux tout à fait inoffensifs, des lézards qui ont oublié de se laisser pousser les pattes. Ils se nourrissent de limaces, d'insectes, et quand on les attaque abandonnent à leurs adversaires un petit bout de queue qui frétille.

Tonin fit un bout de conduite à l'abbé.

— C'est merveilleux, dit-il soudain.

— Qu'est-ce qui est merveilleux ?

— La messe... Même moi, je comprends tout !

— Rien de plus normal, Tonin. Jésus lui aussi souhaitait que chacun saisisse le sens de ses paroles. Qu'auraient pensé ses disciples s'il s'était adressé à eux en une langue étrangère... une langue morte ?

Il était heureux, l'abbé. Ainsi, aujourd'hui même Tonin l'encourageait, confortait son sentiment d'être dans le droit chemin.

Sa volonté délibérée de dire la messe en français ne constituait nullement une provocation. Au cours de ses pérégrinations, il avait maintes fois bavardé avec de braves garçons qui lui en avaient fait la remarque :

— Le latin, c'est bien joli, monsieur le curé, mais

pour nous ça ne signifie strictement rien ! Vous croyez que c'est ça qu'il veut, le bon Dieu, qu'on reste sur notre faim ?

Alors, après avoir retourné le problème dans tous les sens, il était remonté aux sources, jusqu'à en déduire que Jésus et ses apôtres ne devaient pas s'adresser à Dieu en latin, mais dans leur langue maternelle.

Il n'avait pas hésité. Sage décision que la sienne, il eut la joie de les voir accourir, à chaque fois plus nombreux. En aucun cas il ne souhaitait parodier ces médecins qui, dans les comédies de Molière, afin d'en mettre plein la vue à leurs patients ne s'expriment qu'en latin.

— A bientôt, monsieur le curé...
— A bientôt, Tonin !

A son retour, l'abbé aperçut une inscription qu'on avait peinte sur le mur du presbytère, en grosses lettres, durant la nuit :

ICI : DEICIDE !

Le sang se retira de ses joues. Il pressentait ce qui allait se passer, la lutte imminente.

Les irréductibles, il les connaissait. En tête, bien sûr, les sœurs Porteil. Il avait jusque-là préféré éviter de s'en inquiéter. La messe en français attirait de plus en plus de fidèles. On venait des villages voisins. Les réticents de la première heure se régalaient l'oreille et en redemandaient. Ses sermons étaient des chefs-d'œuvre du genre. Une fois en chaire, rien ne l'arrêtait.

« Je guérirai vos plaies. Elles ne sont pas profondes. Unissons-nous, tous, au coude à coude, contre l'indifférence générale envers les malheurs de l'humanité. Des enfants sur la planète Terre meurent, des hommes ont faim et soif. Ouvrons nos yeux. Ouvrons nos cœurs. Réveillons cette générosité qui dort. Préparons des colis. Ils manquent de tout, de médicaments et de vivres ! »

Il en avait de bonnes, l'abbé, avec son aide alimentaire, des pays qu'on ignorait où ça se situait sur la carte, mais fallait reconnaître, c'était plaisant à écouter, ça changeait des conversations de comptoir ou des variétés à la télé.

Un certain dimanche, emporté par son élan, il commit la maladresse de déclarer, d'entrée de jeu, l'escalier de fortune à peine grimpé, que les six millions de juifs morts en déportation étaient aussi le fruit de cette indifférence-là.

Le propos, qu'aucun préambule n'amenait, jeta un froid. Le maire, surtout, l'avait mal pris. Celui-là, pensait l'abbé, à la messe il a l'air si distrait qu'on croirait qu'il s'y rend pour le compte d'un autre.

Il ignorait les activités clandestines des trois bigotes, le lent travail de sape. De porte en porte, le soir venu, elles répandaient leurs médisances :

— Puisqu'il est juif, il n'est pas français !

— Sous son lit, il cache une mitraillette !

— Vos gamins, vous verrez, il va tous les faire circoncire !

— Son sablier, à ce qu'on dit, je le tiens de la veuve Grazielli qui le tient de la bouche d'Eponine, c'est les cendres d'un sorcier annamite qu'il y a dedans...

— Rappelez-vous Notre Seigneur, dans le désert, Satan qui se déguisait pour le tenter ! Il ne s'est même pas donné la peine, lui, pour nous embobiner, d'endosser les vrais habits d'un prêtre !

Chez beaucoup — hormis le boucher et le notaire — ces ragots restaient sans écho. Elles ne désarmèrent pas pour autant. Puisqu'il était à leurs yeux hors de question de laisser le diable s'installer dans la maison de Dieu, elles changèrent de tactique et décidèrent de faire le tour des paroisses environnantes.

Elles se partagèrent la tâche. On les vit dès lors pédaler à qui mieux mieux, maigres comme des araignées sur leurs bicyclettes à guidon plat. Aucune côte ne les effrayait — car elles avaient de la ressource, les sœurs Porteil, le jarret ferme, autant de ténacité que de haine au fond du cœur.

En quelques jours, elles eurent visité les douze curés que comptait le canton. Peu firent cas de ces enragées à bout de souffle, qui se croyaient les messagères de Dieu et prétendaient défendre le christianisme menacé.

Certains, il est vrai, avaient avec humeur constaté une réelle désaffection aux offices, en particulier la grand-messe du dimanche matin. Cet abbé Lévy leur causait du tort. Il ne s'agissait, ni plus ni moins, que de concurrence déloyale ! Qu'il rentre dans le rang et cesse de jouer au prophète ! Un seul, cependant, se laissa prendre au piège : l'abbé Faroux, de Saint-Varlin.

L'abbé Faroux n'était plus de la première jeunesse. Il coulait doucement vers une retraite bien méritée, proie facile que les trois sœurs s'employèrent à convaincre : L'abbé Lévy, tenez, n'avait-il pas osé, sans en référer à ses supérieurs, rayer des livres de catéchisme la mention qui voulait dire ce qu'elle voulait dire : *le juif perfide ?*

Cela, et pour cause, il n'en parlait jamais à ses élèves !

Au cours des semaines suivantes, ces conjurés à la petite semaine tinrent plusieurs fois conseil. Ils résolurent de frapper un coup définitif, choisirent la date avec soin. Pour l'abbé Faroux, il était bien sûr préférable d'agir par personne interposée. Il convenait que leur combat prenne les couleurs d'une revendication légitime, d'une action populaire, au besoin d'une émeute...

La direction des opérations revenait de plein droit à l'abbé Faroux, qui sema sans sourciller chez ses ouailles les plus malléables, à qui il promettait l'absolution complète, les germes de l'intolérance. Propos rapportés, déformés, séparés de leur contexte, appel à la guerre sainte, ces braves gens n'y virent pas malice.

Quoique maigrelet, l'argument du complot suffit ainsi, hélas ! à échauffer quelques têtes.

« Amen ! conclut l'abbé Faroux lors de leur dernière réunion, que la volonté de Dieu soit faite ! »

Ils firent une entrée tonitruante, le jour des Rameaux, au moment du *Kyrie*.

Les trois sœurs, reconnaissons-leur ce courage, ouvraient la marche. Meyrolette, le boucher, les suivait. Bâti comme un fort des halles et le hâle recuit sous une brosse courte, Meyrolette, sa viande, à aucun prix il n'entendait la proposer cachère. Des artisans, des exploitants agricoles, un garçon de ferme, un viticulteur, un berger, cinq ou six retraités et leurs femmes formaient escorte. Sur le flanc gauche, Joseph Cassol, le notaire, bombait son torse maigre. Des banderoles s'agitaient. On lisait :

DEHORS, LE JUIF !

Ou :

RENDEZ-NOUS NOTRE ÉGLISE !

Personne n'osa s'interposer entre les manifestants et l'abbé. Il s'était figé, comme pétrifié, très pâle.

Il ferma un instant les yeux. Des nausées. L'air passait mal. Ses poumons le brûlaient, un étau de feu, et sous ses tempes de la glace.

— Hou ! lança Meyrolette. Du balai !

Des rires gras. Des épithètes fusèrent. Grossies. Mal appropriées.

— Froussard !

— Tire-toi !

— Montre-nous un peu ce que tu as dans le ventre, eh, le youpin !

La meute s'en donnait à cœur joie. L'abbé ne bronchait pas. L'odeur des fumées d'encens lui tournait le cœur. Il n'en pouvait plus. Il renonçait. Cela allait-il sans cesse recommencer ?

Il se revoyait, là-bas, dans les rizières, près des blessés, ceux qui souffraient mille morts avant même d'agoniser.

Le gros de la troupe approchait. D'un regard, l'abbé chercha l'appui de ses fidèles. Ils avaient disparu. Un magma, une bouillie de bêtise et de haine. Seule Eponine, au premier rang, souriait à son abbé. Maroujal s'agitait. Il doutait lui aussi, cela ne datait pas d'hier, de ce curé aux yeux trop clairs.

Les yeux étaient clairs, certes. Mais les intentions ?

Parvenus au pied de l'autel, les trublions se turent. Un silence de mort plana soudain entre les travées. Tous guettaient. Tous s'interrogeaient. Les enfants n'en revenaient pas. Ils se préparaient à se regrouper afin d'intervenir. L'abbé les coiffa au poteau :

— C'est bon, déclara-t-il avec force, vous avez gagné ! Je vais sortir ! Je vais quitter cette église ! Mais je ne la quitterai pas seul !

Joignant le geste à la parole, il s'empara du lourd crucifix qui surmontait l'autel. Il priait, les dents serrées, la face congestionnée. Il était beau, l'abbé, dans l'effort. Superbe. Intemporel. Il avançait, au milieu de la mêlée. On s'écartait sur son passage.

Il l'avait voulu, son calvaire. Il l'avait. Il n'y aurait pas d'émeute dans le lieu sacré. Les deux juifs abandonnaient leur église, l'un portant l'autre à bout de bras.

Je me suis humilié.

Un tollé général s'éleva. Une bousculade s'ensuivit. Un mouvement peu à peu se dessina dans l'allée centrale, en direction de la sortie.

Mado était là, grave, souriante aussi, qui lui ouvrit la porte :

— Vous frappez pas, m'sieur l'abbé, vous les aurez !

Ce soleil, ce soleil qui lui brûlait les yeux, et loin très loin, en arrière-plan, comme une arche de lumière, le doux visage de Marie, mère de Dieu.

Or, voici qu'un bras vint le soutenir. Elle était maigre, pourtant, Amélie, à peine la peau sur les os, maigre mais vigoureuse. Elle avait compris.

Pardonnez-leur... Pardonnez-leur car ils ne savent pas ce qu'ils font...

Impossible de déterminer qui, maintenant, au cœur de la confusion, murmurait ainsi, du prêtre, de la femme tout de noir vêtue, repentante, ou du supplicié.

Ils traversèrent la place à petites foulées lentes, dépassèrent les marronniers. Ils s'arrêtèrent. L'abbé hocha la tête, le regard perdu, écarta doucement Amélie, planta le crucifix dans le sable du terrain de boules, puis se prosterna, épuisé.

Si l'homme n'avait pas en lui les sentiments les plus ignobles, jamais il ne pourrait prétendre à la grandeur.

Enfin, L'abbé détourna la tête et prit conscience de son triomphe. Le village entier se pressait autour de lui. Les banderoles s'étaient comme par miracle volatilisées. Comme par miracle, puisqu'elles n'avaient jamais existé.

Il se releva. Il les bénit. Sa volonté reprenait le dessus. De l'acier. Il ne souffrait plus. Est-ce que le métal souffre lorsqu'il est porté au rouge ?

6

La vie à Combejalade suivait son cours. Le temps devenait chaud. Des orages éclataient.

Le jour de Pâques, l'abbé vit son église bondée, et s'en félicita. Il avait gagné, convaincu les soupçonneux de sa bonne foi.

Les trois bigotes avaient définitivement enterré la hache de guerre. Elles se confessaient deux fois par semaine, apportaient des cadeaux, qui une brioche encore chaude, qui de la confiture d'oranges amères, qui une douzaine d'œufs.

Eponine accueillait ces dons avec impatience. Elle n'était pas dupe. L'abbé avait, lui, passé l'éponge. Le mal, la méchanceté, il ne voulait pas savoir ce que c'était. L'enfer, il n'y pensait jamais. L'enfer n'est que la peu enviable condition de ceux qui refusent la présence de Dieu à leurs côtés.

L'Evangile d'amour selon saint Jean, où aucune allusion au châtiment éternel ne figure, demeurait son préféré.

Au presbytère flottait en permanence une forte odeur d'encaustique. Mains sur les hanches, Eponine défendait d'un œil dur les abords de la cuisine.

Ils entretenaient, en dehors de ses accès d'humeur trop prévisibles, d'excellents rapports. Elle vivait dans un monde à part qui enchantait l'abbé. Son système de classification très personnel avait de quoi surprendre. Elle divisait les humains en quatre catégories. Les « cervelles d'oiseaux », les heureux de vivre, ceux qui chantaient tout le temps. Ensuite, les « bons chiens », ceux qui se contentaient d'exécuter les directives, d'où qu'elles viennent, sans se poser de questions. Ensuite encore les « vieux renards », où elle rangeait en vrac les forts en gueule, les finauds, les goguenards. Enfin, les « tigres », ceux qui semaient la terreur et aimaient répandre le sang.

La nuit, en prévision de l'hiver, elle lui tricotait de gros chandails bariolés qu'il s'horrifiait par avance de devoir porter. Le bleu roi y côtoyait le jaune serin, le rouge vif et le violet.

L'existence ici-bas est une période d'épreuves, comme chacun sait.

Elle le gavait, son abbé. Lui qui parlait sans arrêt de malnutrition dans le tiers-monde, il ne s'était pas regardé !

Après les repas, une douce somnolence bien souvent le gagnait. Il rêvait de voyages, d'autres cieux.

Elle voyait du mystère partout, de basses intrigues sous le toit de chaque maison. Celui-là est un coureur de dot, celui-là a mauvais genre, celle-là est une fausse blonde, celle-là entretient des relations coupables avec son gendre.

Dans sa bouche, les morts n'étaient pas les moins vivants, tous avaient des incartades, des égarements à revendre.

Il souriait : un quotidien tranquille de curé de campagne...

D'autres sont prêtres-ouvriers, ou jettent le froc aux orties pour se colleter avec le siècle, son lot de massacres, de misère, de justice sommaire, de privilèges abusifs.

Tôt le matin, son sac kaki en bandoulière, il arpentait la garrigue. Il marchait à la rencontre de Tonin qu'il apercevait parfois, l'air extasié, parlant aux chèvres.

Ils bavardaient. L'abbé considérait n'avoir pas encore conquis le droit au repos, et le lui faisait observer. Tonin ne répondait pas. Il hochait la tête et cela suffisait.

L'abbé prenait certains soirs sa 2 CV et se rendait au sommet du mont Cazal, d'où l'on aperçoit toute la vallée. Il contemplait le village. Son clocher. Heureux. Insatisfait.

Il vit beaucoup Saïd. Lui aussi, on lui en avait lancé des vertes et des pas mûres, au début ! Mais on appréciait son pain et cela s'était tassé.

Sa tristesse n'était que superficielle. Il suffisait de gratter. Mado, il l'évoquait des heures durant, avec flamme, admiration. Mado, c'était sa vie.

Leur projet de mariage restait hélas par sa faute au point mort !

— Le Prophète n'interdit pas les unions mixtes ! fulminait Saïd. A condition que sa religion soit basée sur les livres sacrés, il est possible à un musulman d'épouser une non-musulmane ! Mado, je lui laisserai sa liberté... Alors, pourquoi elle tient tant à ma conversion ?

— Parce qu'elle est croyante, Saïd.

— N'empêche que, le père Roque, elle ne pouvait pas le sentir !

— Divergence de point de vue, je suppose.

Le père Roque était de la vieille école. A ses yeux Mado représentait le péché...

— Tout ça, c'est de votre faute ! Elle n'était pas si obstinée, avant !

— Elle m'a affirmé n'avoir jamais cessé de prier. Crois-moi : sous peu tu seras le plus envié des hommes !

De jour en jour Saïd cédait cependant du terrain, sans trop le montrer, question de principe. Mado, il l'avait compris, se lassait d'être montrée du doigt.

Elle voulait s'intégrer. Ils allaient dans le même sens. Sa carte de travail jusqu'alors lui suffisait. Il souhaitait maintenant régulariser sa situation, devenir français. A part entière. Comme tout le monde.

Mansour en profiterait. Le passé, c'est bien beau. Lui, il pensait à l'avenir. Une solution se présentait.

Mado faillit le gifler lorsqu'il lui confia son projet. Sa demande de naturalisation, L'abbé pourrait l'appuyer. C'était simple, au fond, puisqu'il était prêt à beaucoup de concessions de son côté...

— Quel genre ? s'inquiéta Mado.

— J'ai réfléchi. J'accepte tes conditions. On va se marier.

Il l'agaçait. Elle se réfugia sur le lit, près de ses chats. Ce lit de toutes les étreintes. En arriver là...

Elle le regardait d'un air outré. Elle bouda un peu moins d'une demi-heure, maximum de ses possibilités. Ainsi, c'était donnant-donnant ? Il ne manquait pas de suite dans les idées ! Elle qui y avait cru ! Elle qui ne pensait qu'à l'amour ! L'abbé accepterait-il de baptiser un tel goujat, dont la conversion, apparemment, n'était guidée que par l'intérêt ?

C'était dur à avaler !

Saïd fit preuve de diplomatie. Souvent, ça lui réussissait.

— Écoute, Mado, je ne serai pas le premier... Paris vaut bien une messe, m'a dit l'abbé.

— Paris ? Est-ce que je ressemble à Paris, moi ?

Elle se calma. Elle se sentait flattée : Paris n'est-elle pas la plus belle ville du monde ?

Une semaine entière, les villageois constatèrent, stupéfaits, de fréquentes allées et venues entre la boulangerie, l'impasse du Cheval-Vert et la sacristie, loin des oreilles d'Eponine.

Les tractations s'accomplirent dans le plus grand secret. L'abbé s'engagea à convaincre Maroujal qu'une naturalisation en bonne et due forme désormais s'imposait. Bien sûr, à première vue — à première vue seulement — on pouvait être amené à penser que, pour Saïd, Mado représentait une excellente affaire. L'enjeu valait que ces états d'âme soient écartés. On faisait d'une pierre deux coups. Mado trouvait enfin l'équilibre d'un foyer, tandis qu'à Saïd et Mansour seraient enseignées les bases du christianisme.

Si des résistances se présentaient, l'abbé espérait les gagner de vitesse.

Un jeudi matin, dans le jardin, il tint à Mado, seul à seul, des propos réconfortants. Il tardait à la jeune femme qu'on publie les bans.

— Un peu de patience, voyons !

— A présent que c'est décidé, hein ! Qu'est-ce qu'on attend ?

— Es-tu sûre qu'il soit prêt ?

— On le dirait.

— Et son tapis de prière ?

— On aura du pain frais, demain, si c'est ce que vous voulez savoir...

— Très bien.

— Il y a quand même un problème..., objecta Mado

— Oui. Dis-moi ?

— La nuit de noces... Parce que ça n'en sera pas une, forcément !

— Hum !

— Et les autres ?

— Quels autres, Mado ?

— J'étais leur... leur concubine à tous, d'une certaine façon. Ils s'en satisfaisaient. Je les abandonne. Qu'est-ce que vous croyez qu'ils vont penser ?

— Tu te fous de moi ? Aurais-tu oublié qu'auparavant tu commettais le péché de luxure ?

— Si vous le dites... Et maintenant, qu'est-ce que ce sera ?

— Le droit chemin.

Il dormit mal, cette nuit-là. Des remords l'assaillaient. Il ne s'enlevait pas de l'idée que par son entremise Saïd avait probablement conclu un marché de dupe. En aucun cas la conversion n'était nécessaire à ce mariage. Quant à la naturalisation, elle prendrait du temps, et cela Saïd l'ignorait. Il n'avait pas jugé utile de l'en informer.

Dès le lendemain, il se rendit à Draguignan et fit passer une annonce dans le quotidien local.

Réconfort par l'Évangile. Écrivez-nous. Réponse assurée.

Le courrier abonda. Le facteur s'en étonnait. Modestement, l'abbé gardait le silence. Il prenait sa plus belle plume. Jésus mort et ressuscité. Suscité à nouveau par la souffrance des hommes qui l'appelaient.

Ces activités épistolaires adoucirent ses troubles de conscience sans pour autant les effacer.

Peu après les fiançailles de Saïd al Larbi et de Mado, celle qui aimait la vie, les chats et les bergeronnettes, furent annoncées.

Rarement il n'eut d'élève aussi motivé que Saïd. Il montrait des dispositions étonnantes. Ce qui au début avait été une quasi-contrainte se changeait en un choix librement consenti. Saïd s'enthousiasmait pour la figure du Christ, ses exploits, la multiplication des pains ou la pêche miraculeuse. Il adorait les miracles. Il extrapolait, lâchait la bride à son imagination, n'hésitait pas à mêler l'Ancien et le Nouveau Testament, le tout agrémenté d'un zeste de Coran.

Quel mal y avait-il à ce que, entre ses lèvres, Jésus demeurât Issa ?

— Y'a du bon, y'a du moins bon, faut trier, profes-
sait maintenant Saïd.

Quant à Mansour, il apprenait ce qu'il voulait, oui
mais voilà il ne voulait pas tous les jours.

On étouffait, à la cure, en ce beau mois de juin.
Souvent l'abbé les abandonnait. Il sortait prendre
l'air, respirait un grand coup, dans le jardin.

L'abbé aida les futurs époux à rédiger la déclaration d'intention où ils s'engageaient vis-à-vis de
l'Église. Saïd eût préféré un style plus fleuri, assorti
de périphrases et d'envolées. Mado triomphait. Elle
obtenait gain de cause, et haut la main !

Bientôt le baptême leur serait donné, le mariage
célébré.

Après vêpres, l'abbé retint Mado :

— Je dois te parler. Viens.

— Qu'est-ce que vous avez à me dire, m'sieur
l'abbé ? C'est rapport à Saïd ?

— Vous deux. Cela vous concerne tous les deux.
Elle parut troublée.

— Je suis si heureuse, si vous saviez.

— Je sais.

— Je peux vous poser une question ?

— Je t'écoute.

— J'y pense, des fois. Ça ne vous manque pas trop,
le mariage ?

— Hum !

— Une femme, ça a son utilité...

— Plus que tu ne le crois. Mais si tu les entendais
comme moi en confession tu remercierais le ciel
d'être resté célibataire !

Elle s'esclaffa. La chanson de son rire. Ses lèvres à
boire la rosée.

— C'est pas gentil pour nous, ça...

Sensible à la beauté des femmes, l'abbé se trouvait
bien de n'y goûter que de loin.

— Je vous ai menti, Mado.

— Ah bon ?

— Il est de mon devoir de mettre en garde Saïd. Les démarches au sujet de sa requête risquent de traîner quelque peu en longueur...

Elle releva la tête :

— Vous essayez de me la faire ! Vous aviez promis...

— Bien sûr que j'ai promis ! Maroujal s'en est occupé. Les papiers sont remplis. La demande est partie. Mais tu connais l'Administration...

— Ouais, les lenteurs... Vous ne nous avez quand même pas menés en bateau, hein ?

— Tout de même pas. Il devra, je le crains, se montrer patient...

— Qu'est-ce que vous croyez qu'il est, depuis tout ce temps ? Il va pas être content ! Pour lui, vous êtes le bon Dieu, maintenant ! Et s'il change d'avis ? S'il n'est plus d'accord ?

Elle rit. Elle pleurait. Tout allait si bien !

— Il va me traîner à la mosquée ! Fissa !

L'abbé lui prit la main :

— Calme-toi. J'ai volontairement laissé un flou, et je le regrette. Saïd est désormais décidé à devenir chrétien, tu verras. Il sera aussi français... dans quelques mois.

— Vous en êtes certain ?

— Parbleu ! Je crois néanmoins qu'il serait souhaitable de l'en avertir...

— Souhaitable ?

— Oui. Afin que les choses soient claires.

— Bien ! Si c'est votre sentiment !

Avant de quitter la sacristie, elle se détourna :

— Je vais lui dire, à Saïd... Après tout, qui vivra verra ! *Inch Allah !*

L'abbé en resta pantois. Il pouffa comme un idiot. Il n'avait pas éprouvé une telle joie depuis des années.

Le lendemain matin, Saïd frappa au presbytère et d'emblée informa l'abbé qu'il était au courant.

Se presser, ça ne sert à rien. On s'énerve, on tombe malade.

— Vous vous rappelez, le premier jour, au café ? J'avais envie de savoir de quoi j'étais encore capable. Alors j'ai fait comme si j'étais plus attaché à l'islam qu'à Mado...

— Et ce n'était pas le cas ?

— Plus vraiment. On en avait tellement parlé ! L'amour, c'est plus fort que tout, elle me disait. Mais il n'est pas bon pour un homme, vis-à-vis d'une femme, de tout donner sans combattre. Plus difficile est la lutte, plus grande est la victoire... Je n'y tenais plus. J'ai pourtant réussi à vous convaincre. A partir de là, je pouvais renoncer...

Logique tordue, pensa l'abbé. Il est vrai qu'il ne faut jamais dire « hop » avant d'avoir sauté...

— Je vais être sincère. La Mecque, j'y serais peut-être allé un jour...

— C'est tout à ton honneur. Chacun de nous souhaite fouler le sol sacré. Vous aurez des enfants ?

— Une flopée.

Enfants qui plus tard n'auraient de cesse de se fondre dans la masse. Enfants qui après quelques générations trouveraient normal de hurler en cortège : « La France aux Français ! »

Ainsi va le monde. L'abbé retourna dans son église. Il pria, de chaise en chaise, et ses pas résonnaient. Quelle paix !

A table, Eponine commentait l'événement. Certes au départ, l'idée lui avait déplu. Quelle mouche le piquait, l'abbé, de se préoccuper des galipettes d'une frivole et d'un qu'on avait, encore heureux, arrêté à Poitiers en son temps ?

Mais Eponine, sous sa cuirasse, avait le cœur tendre, et des souvenirs. Elle aussi, un beau jeune homme lui avait jadis tenu de doux propos. C'était à la fin de la guerre, un Américain, un de Saint-Tropez. Il possédait un ranch, là-bas, dans les Rocheuses, plein de chevaux, de bisons et de coyotes.

Elle n'avait pas failli.

Elle connaissait par cœur le nom des amants célèbres de l'Histoire et se les récitait du bout des lèvres, la larme à l'œil, en préparant la soupe.

Le double baptême attira du monde. On n'en perdait pas une miette, on se haussait sur la pointe des pieds, on bousculait son voisin qui immédiatement vous le rendait, on se casait le prodige dans un petit coin de la tête.

Pensez : convertis par un autre converti !

Et le grand jour arriva.

Maroujal, à la mairie, ceint de son écharpe tricolore, tout gonflé d'importance, fit suivre la signature du registre d'un speech bref mais vif et longuement préparé. L'humour était au rendez-vous, les allusions gaillardes et les clins d'œil complices à ses administrés. Maroujal mettait le paquet. Ah, c'est qu'ils s'adorent, ces deux-là, ça se voit ! Hélas ! trois fois hélas ! il y a le revers de la médaille, Combejalade va bientôt perdre son unique travailleur émigré ! Un vide ! Qu'est-ce qui va nous rester ? Nos yeux pour pleurer ? Ne devrions-nous pas, dès maintenant, songer à le remplacer ?

Très crâne, Maroujal accepta d'un sourire bourru les vivats.

La fanfare municipale entonna une aubade tonitruante, à vous en percer les tympans, magnifique d'approximation, de fausses notes et de sincérité.

Le soleil, sur la place, se glissait entre des joues roses d'émotion.

L'église fit salle comble. Un champ de foire. Certains s'étaient munis de leurs pliants. Jeannot Sabatier, Lucette et Mansour avaient investi la chaire et la défendaient contre les assaillants. Les moineaux, on ne les entendait plus piailler, bruits d'étoffes froissées et murmures les réduisaient au silence. Demoiselle et garçon d'honneur ne pipaient mot, le souffle au fond de la gorge, sous le poids de tous ces regards qui les tenaient en respect.

Saïd entra le premier, au bras de la boulangère. Puis ce fut au tour de Mado, plus belle que jamais, bouquet, voile, ombrelle, longue robe à manches bouffantes et empiècement de dentelle. Elle se mariait en blanc. Elle tirait un trait, elle repartait à zéro, innocente à nouveau, et personne, pas même les femmes de ses anciens clients, n'y trouva à redire.

Les cloches carillonnèrent. Pendu à la corde, Fernand suait sang et eau. Ça dessèche, il s'en promettait une sévère.

Il était cinq heures du soir. La caméra du maire ronronnait. L'église se vida, le cortège se dirigea vers le Café des Champions, où avait lieu le banquet.

On fit bonne chère et on chanta jusqu'à une heure avancée.

Un bonheur vieux comme les chemins, pensait l'abbé. Croissez et multipliez. Il reste toujours tant à faire.

Au milieu de la nuit, il s'éclipsa. Ses tempes sifflaient. Il suffoquait. Il ne supportait pas la fumée.

Il marcha. Il se souvenait de la chouette, du premier soir. Il sortit du village. Il respirait l'air parfumé.

Au-dessus des collines, c'était la nouvelle lune, celle qui donne à espérer.

7

Et soudain, sur un coup de cafard, l'abbé se lassa de ces commérages, jalousies, rivalités, manœuvres foncières ou maritales dont, au confessionnal, on venait l'entretenir.

Juifs ou pas, les hommes sont tous faits du même bois, les habitants de Combejalade avaient fini par l'admettre. Ceci dit, quels résultats ? Son local ? Sa chorale ? Certaines menaient (grâce à Dieu...) une existence conforme à leurs désirs. Saïd et Mado, par exemple, qu'il ne revoyait plus au presbytère et se contentaient d'un petit signe désinvolte, le dimanche matin.

L'abbé vaquait avec bonhomie aux tâches de son sacerdoce, et cela tournait comme une machine trop bien huilée, une machine qui ronronnait.

Vint le jour tant attendu des demi-finales du championnat de Provence. Pour la première fois, l'équipe de Combejalade allait affronter celle de Tourache. L'enjeu était de taille.

Retenu au presbytère par Eugénie Porteil, l'abbé arriva en retard sur les lieux. Il avait jadis lui-même beaucoup pratiqué la pétanque, à Marseille notamment, durant ses heures de loisirs, et ce jeu continuait à le passionner.

On discutait ferme sous les marronniers. Voyant que le tournoi n'était pas encore engagé, l'abbé apostropha ses paroissiens :

— Mes chers amis, vous tenez aujourd'hui l'honneur de notre village entre vos mains ! Vous montrerez, je l'espère, de quoi vous êtes capables ! Mais la dure loi du sport est ce qu'elle est, et il serait fort peu aimable envers nos visiteurs de nous montrer chauvins ! Je bénirai donc les boules des uns comme des autres, et je dirai à tous : que les meilleurs gagnent !

Bénir les boules ? Ces mots furent prononcés à la stupéfaction générale. Une fois de plus, l'abbé surprenait son monde. Jamais le père Roque n'aurait pris une telle initiative. Maroujal faillit s'étrangler. Comme à son habitude, l'abbé lui volait la vedette. Il n'en était certes pas à son coup d'essai !

Sur ces entrefaites, et dans un climat bon enfant, la partie commença. On dut hélas rapidement déchanter : l'équipe de Combejalade était nettement dominée par les Tourachais. Ce n'était pas la déroute, mais presque, quelque chose d'inexplicable, d'inéluctable aussi, à ce train-là on courait à la catastrophe.

« Ils jouent bien, aurait sans doute commenté un amateur averti, mais ils manquent de réussite. »

Jusqu'à l'abbé qui ne parvenait plus à conserver sa neutralité. Il avait beau réchauffer l'ardeur de ses ouailles, prodiguer encouragement sur encouragement, rien n'y faisait, les Tourachais l'emportaient haut la main.

A l'euphorie du début de la partie succéda très vite chez ceux de Combejalade une profonde lassitude mêlée d'angoisse. Leur mauvaise humeur s'accentuait. Même Julien Cantarel, champion incontesté, lui qui se plaisait à dire que tant que le dernier coup n'est pas joué tous les espoirs sont permis, semblait gagné par le découragement.

Ils avaient, c'est vrai, été cueillis à froid, un peu comme ces joueurs de tennis qui prennent deux sets d'entrée de jeu. Peut-être auraient-ils eu leur chance s il n'y avait eu ce grand type dégingandé, la tignasse en bataille, un mégot au coin des lèvres, qui éclatait d'un rire sonore, communicatif, agaçant chaque fois qu'il faisait un « carreau »

Celui-là, il ne le ratait jamais ! Une telle facilité c'en était indécent !

Deux heures déjà qu'on jouait lorsque l'abbé s'aperçut d'une anomalie dans le comportement du dégingandé. Il se fraya un passage à travers la foule afin de mieux comprendre son manège. L'énergumène était chaque fois si prompt à récupérer ses boules que l'abbé s'en émut.

Brusquement, dans son esprit tout devint clair Il en aurait juré, le dégingandé « travaillait » avec des boules plombées au mercure !

Il avait une fois, à Marseille, assisté à semblable partie truquée. On avait découvert l'imposture quand un joueur avait ramassé les boules du tricheur, les prenant pour les siennes.

Rien ne le laissait insensible, l'abbé, l'injustice en priorité. Il n'y avait pas un instant à perdre. Il était de son devoir de dénoncer cette supercherie. D'un pas résolu, il pénétra sur le terrain, se pencha, et avant que le dégingandé n'ait eu le temps d'esquisser le moindre geste, il se saisit de la boule délictueuse, puis d'une autre, qui appartenait à un joueur de Combejalade.

Il les soupesa, à tour de rôle. Effectivement, l'une semblait plus lourde que l'autre. Il se redressa, leva la main :

— Mesdames et messieurs, mauvaise nouvelle, je crains fort qu'il ne faille interrompre la partie ! L'un des joueurs, j'en suis convaincu, travaille avec des boules plombées ! Je vais, si vous n'y voyez pas d'inconvénient, vous le prouver !

Le silence se fit. Les villageois hésitaient à comprendre, les supporters tourachais, très agités, qui étaient venus en car, se consultaient du regard.

Maroujal s'approcha de l'abbé :

— Qu'est-ce qui vous prend ? Vous êtes tombé sur la tête ?

— Permettez, monsieur Maroujal, permettez.

Ayant dit, l'abbé écarta d'un geste les joueurs plantés devant lui. Il pointa, ajustant son tir. La boule fit un « carreau » magistral. Ce n'était pas fini. L'abbé recommença l'opération, qui cette fois échoua lamentablement.

Il se tourna vers ses paroissiens :

— Comme vous pouvez le constater, aucun doute possible, la première boule est plombée, et je suis hélas en mesure d'affirmer qu'elle appartient à l'un de nos visiteurs ! N'importe lequel d'entre vous, pas trop maladroit, parviendrait, dans ces conditions, au même résultat que ce filou et moi-même ! Je demande donc que la partie soit rejouée en d'autres circonstances !

Cramoisi, Maroujal ne savait plus quelle contenance adopter. Il y allait fort, l'abbé, quel aplomb, il allait tout gâcher sur de simples présomptions !

L'arbitre, qui comme toujours dans ces cas-là n'avait rien vu, semblait dégringoler d'une autre planète. Au coude à coude, maintenant, les Tourachais s'avançaient, le dégingandé en tête. Cette victoire, ils en sentaient déjà le goût, hors de question qu'elle leur échappe.

— Ma parole, je rêve ou quoi ? s'exclama l'un d'entre eux, avec un clin d'œil à l'adresse de ses coéquipiers. On est bons bougres, on se déplace, on vient ici, dans ce petit patelin de troisième zone, et qu'est-ce qu'on récolte, je vous le demande ? Des injures ! Et par un curé, en plus de ça !

— Oh, dites, reprit le dégingandé, sûr de sa position de force, vous n'avez pas d'ordre à nous donner ! Est-ce qu'on sait, nous, où vous avez ramassé cette boule ? Pourquoi elle nous appartiendrait ? C'est vous qui l'avez, donc elle est à vous !

Logique infaillible. L'abbé respira un grand coup. La moutarde lui montait au nez. Il parvint néanmoins à se maîtriser. A la réflexion, qui était le fauteur de trouble ? Lui, ou ce joueur indélicat ? Quelle mouche l'avait donc piqué de se mêler de cela ?

C'était, somme toute, sa parole contre celle des Tourachais.

Il n'eut pas le loisir de réfléchir longtemps. Julien Cantarel s'était avancé, menaçant, les manches retroussées. On connaissait son caractère irascible, aussi personne ne fut-il surpris de le voir empoigner le dégingandé par le col, le soulever de terre et le secouer comme un prunier en l'avertissant haut et clair que s'il ne revenait pas à de meilleurs sentiments il allait lui faire cracher deux dents.

L'arbitre, enfin sorti de sa léthargie, tenta de s'interposer. Mal lui en prit. Un poing jaillit, doué d'une précision diabolique, qui l'atteignit à la mâchoire. Il perdit l'équilibre, battit des bras, poussa un petit cri stupéfait, puis, sans plus tarder, s'en alla mordre la poussière.

L'altercation déclencha les hostilités. On eût dit que ceux de Combejalade n'attendaient que cela pour entrer dans la danse et en venir aux mains. Tous foncèrent dans le tas, mus par une même fougue, une même soif de vengeance. Aux joueurs s'étaient adjoints les curieux, les femmes, les enfants du village, qui déversaient leur bile sur les pauvres Tourachais, sans reculer devant les crocs-en-jambe ou les coups en traître.

Le premier à battre en retraite fut le dégingandé qui fila ventre à terre entre les marronniers et se barricada dans le car. Ses coéquipiers durent bientôt se résoudre à constater qu'ils n'avaient pas l'avantage. L'un d'eux finit, éberlué, dans la fontaine, poussé par Dieu sait qui. Certains s'acharnaient, au corps à corps, d'autres s'esquivaient en toute hâte, regagnaient leurs voitures garées à l'extrémité opposée de la place. Ils couraient, les malheureux, ils faisaient peine à voir.

Pareille pagaille dépassait l'entendement. Tout cela pour une boule, une misérable boule, et le différend dégénérait en bataille rangée ! On cherchait partout les officiels, on ne les trouvait pas. Seuls Maroujal et l'abbé conservaient un minimum de sang-froid, paraient les coups de leur mieux, allaient de l'un à l'autre, s'efforçaient de les ramener à la raison. Il priait, l'abbé, il priait, il priait, mais l'Éternel, là-haut, semblait lui aussi dépassé par les événements.

Ce vent de folie s'acheva avec l'arrivée des gendarmes de Fondoubine, à qui une âme bien intentionnée avait téléphoné. Le combat cessa aussitôt faute de combattants. Les villageois se regroupèrent autour de l'estafette bleue, tandis que les Tourachais s'égaillaient en direction de leurs véhicules, tâtant leurs bosses, leurs vêtements déchirés, l'œil mauvais.

L'abbé tenta d'expliquer ce qui s'était passé. Il ne dissimulait pas son trouble, il reconnaissait avoir agi avec précipitation. Comment aurait-il pu prévoir qu'une telle frénésie s'emparerait de ses fidèles ?

Sec d'allure, l'œil bougon, pas bavard, le brigadier-chef Décaudin émit quelques grognements, opina et prit bonne note. Amédée, du reste, confirmait les faits. L'autocar des Tourachais démarra en trombe, copieusement houspillé, suivi des voitures.

Leur départ laissait un vide. Le Café des Champions fut très vite pris d'assaut. Grande fut la stupéfaction des joueurs lorsqu'ils constatèrent que les officiels les y avaient devancés, attablés devant des ballons de rosé.

Les commentaires allaient bon train, on s'en doute. Chacun soupesait la boule, objet du délit, l'observait avec étonnement ou dégoût.

— Dites... Vous l'avez bénie, celle-là aussi, monsieur l'abbé ?

— Ma foi... je m'en repens !

— Ces manigances, ça devrait être interdit ! s'exclama Firmin, le boulanger.

— Ça l'est ! répliqua l'instituteur.

— N'empêche qu'ils sont forts, pour inventer ce genre de choses !

— Ce genre de choses, comme tu dis, intervint Julien Cantarel, mériterait six mois de prison !

— Si ce n'est plus !

— Les travaux forcés, ouais !

Placé près de l'abbé, Maroujal lui reprocha vertement son attitude :

— Vous auriez dû... je ne sais pas... me consulter ! Pour une grande première, c'en est une !

— Mon intention était de les prendre en flagrant délit, figurez-vous. C'était le seul moyen. Dès que le coup était joué, le tricheur ramassait ses boules... Pas vu pas pris ! J'ai donc été contraint d'agir seul !

— C'est bien joli, tout ça, mais à part vous il n'y a pas d'autre témoin... Vous nous avez mis dans de sales draps !

— Je n'ai pas dit mon dernier mot. Justice sera rendue, croyez-moi !

— Encore faudra-t-il faire la preuve que la boule leur appartenait !

— Faites-moi confiance ! J'irai, s'il le faut, jusqu'à la Fédération plaider notre cause. J'obtiendrai réparation !

Remis de leurs émotions, ragaillardis par le rosé, les organisateurs affirmèrent que ce ne serait pas nécessaire. Cette boule leur suffisait. Personne dans leurs rangs, ne mettait la parole de l'abbé en doute. Le ou les tricheurs seraient sanctionnés, on rejouerait la partie dès que les esprits seraient calmés, au plus tard à l'automne.

L'abbé rendit grâces à Dieu. On l'avait échappé belle. Une rude journée !

Puis la vie continua, ses joies et son lot de tracas

quotidiens. En juillet, Combejalade se vida. L'abbé arpentait les ruelles silencieuses, abandonnées aux chats et aux chiens qui pointaient, soulagés, leur museau au moindre courant d'air. Il se rendait chez les uns, chez les autres. Suivant l'heure, on buvait le café ou un verre de rosé. Il arrivait que tel ou tel paroissien le retint à dîner. Au retour, comme par défi, il passait sous les fenêtres de la veuve Grazielli, un peu dérangée, qui cassait des assiettes à grand bruit quand on montrait des horreurs aux actualités télévisées.

Il se levait au milieu de la nuit, s'approchait de la fenêtre entrebâillée. Ces étoiles filantes dans le ciel pur. L'inconnu le rassurait. Il fuyait en rêve vers ces contrées où tout est exaltation.

A table, ils étaient deux à ronchonner.

— Qu'est-ce que vous avez, l'abbé ? J'accepte mon sort, moi, je suis heureuse comme je suis !

— La fatalité c'est dépassé, Eponine. *Dé-pa-ssé.*

— Elles vous plaisent pas, mes aubergines ? Elles sont pourtant du jardin ! C'est vous qui les avez plantées !

— Joues pleines et ventre rond, je sais ! Crois-tu que ce soit mon unique ambition, de m'empiffrer comme un goret ?

Eponine, les bras lui en tombaient. Ça se soignait peut-être, ce qu'il avait. Elle consulterait son livre de recettes et y veillerait.

Il ne manquait pourtant pas d'activités. Des malades à visiter. Une vieille impotente qui croupissait dans un réduit de quatre mètres sur deux, sans assistance médicale, sans soutien d'aucune sorte, sans eau ni électricité. Les messes anniversaires. La boîte aux lettres qui débordait.

Mansour avait à ce sujet proposé de l'aider. Ils se donnaient à haute voix la réplique, étudiaient cas par cas, constituaient des dossiers. Il comprenait tout, Mansour, dès la première lecture, les désarrois feints ou réels, pathétiques ou forcés, urgents ou à classer. Seule son écriture encore enfantine, appliquée, aurait pu le trahir. Aussi l'abbé se réservait-il de mettre au propre les réponses définitives.

L'abbé prit sa 2 CV le lendemain du 14 juillet. Il s'arrêta tout d'abord chez Ridouane, et fit le plein. La confusion d'esprit produit de ces curieux effets. Puis, entre vignobles et vastes étendues noircies, brûlées, il mit le cap sur Aiguines, près de Moustiers-Sainte-Marie, où le père supérieur s'était retiré.

Flanquée de quatre tours rondes, la bastide dominait le village des Salles, le cours maigre et sinueux du Verdon serpentant sur les terres assoiffées. Deux setters jouaient dans le jardin. Les cigales grésillaient.

L'abbé parla près d'une heure. Pas une fois le père supérieur ne l'interrompit.

Enfin :

— Tu m'inquiètes, Jean-Pierre. Bien sûr, nous le savons, la mollesse physique ou spirituelle est haïssable... Mais il n'est rien tant qui éloigne de Dieu que l'impatience ! Ils reviendront, tes paroissiens ! Ils seront là, au grand complet, ils ne t'auront pas oublié !

— C'est un cadeau empoisonné que vous m'avez fait.

— Précise ta pensée.

— L'inaction m'est insupportable.

— La raison en est probablement que tu ne crois pas assez en toi-même ! En outre, je le crains, tu te trompes d'époque... Nous ne sommes plus au temps, pas si lointain cependant, où le prêtre avait son rôle à jouer dans la cité, à part égale avec l'instituteur ou le gendarme à cheval... L'Église est en crise, Jean-Pierre. Dieu manque d'effectifs. Je t'ai, voici des années, recommandé à lui. Tes ressources sont immenses. Continue ! Modère tes ardeurs combatives ! Ta guerre d'Indochine, tu la traînes comme un boulet... Après quinze ans, tu as encore des coquetteries de rescapé. Tu voudrais te battre sur des fronts dont, par orgueil, tu feins d'ignorer la véritable nature, différente de celle que tu avais au préalable envisagée. L'avenir appartient aux clairvoyants, Jean-Pierre, non aux desesperados ! J'en appelle à ta fidélité envers les enseignements de l'Evangile...

— Qu'y puis-je ? La contemplation n'a jamais été mon lot.

— Regarde. Regarde la beauté qui s'offre à tes yeux.

— Vous prétendez vous rapprocher de Dieu par le Verdon ?

— Quand bien même il en serait ainsi ? Je n'ai plus ton âge, certes, et j'ai renoncé à bien des choses, par conviction ou... nécessité. Je le reconnais. Je me prépare.

Ils rejoignaient la bastide, suivis des chiens.

— Une tasse de thé, Jean-Pierre ?

— Merci, non. Je n'aime que le café fort.

— Tu as tort. C'est très mauvais pour la santé.

— Pourquoi voudriez-vous que je la ménage ?

— Tu te tiens trop près du monde matériel et de ses mirages, Jean-Pierre, cette remarque me le prouve ! Dépouille-toi de tous ces petits regrets qui te sont chers. Dépouille-toi de cet altruisme forcené, entaché d'amour-propre, qui n'est en définitive qu'excès de contrition. Aide-toi, Jean-Pierre, aide-toi comme tu aides les autres... Il me semble que Dieu le vaut bien. N'est-ce pas à leur patience que l'on reconnaît les grands hommes ?

Hum !

L'abbé repartit déçu. Les belles paroles de son ancien directeur de conscience ne l'apaisaient en rien.

Il fit un crochet par Moustiers. Il ressemblait,

pensa-t-il, à cette minuscule étoile, cette fragile étoile pendue au-dessus du vide entre deux solides rochers.

De retour à Combejalade, il se gara devant le monument aux morts. Il se sentit brusquement de nulle part, entra dans son église et pria longtemps.

Il écoutait parfois la radio, notamment les bulletins d'information. Ainsi ne perdait-il pas le fil de l'actualité, ainsi restait-il, assis près de l'âtre vide, en contact avec le monde.

Plusieurs soirs consécutifs, un communiqué lui fit dresser l'oreille. Sans doute, en d'autres circonstances, n'y aurait-il guère prêté attention. R.M.C. rappelait à ses fidèles auditeurs qu'en association avec la préfecture des Alpes-de-Haute-Provence un concours avait été lancé afin de promouvoir le tourisme dans la région. Ce concours concernait les enfants de moins de treize ans, qu'on invitait à constituer des dossiers illustrés de photographies, de dessins, sur leur ville ou leur village. Le premier prix, alléchant, consistait en un séjour d'une semaine dans un pays du pourtour méditerranéen, au choix l'Égypte ou Israël, durant les congés de Noël.

Israël, les enfants... des mots qui, fortuitement accolés, lui parurent très vite riches de perspectives. Il est vrai que depuis le début de l'été il s'inquiétait souvent de ces mômes livrés à eux-mêmes, qui n'avaient pas eu la chance de partir en vacances et se morfondaient à Combejalade.

Bien présentée, l'initiative pouvait les intéresser.

Jamais il n'avait considéré l'existence comme un lieu de repos. La vie, pour lui, c'était « agiter avant de s'en servir ». Délivré de tout souci, il perdait pied. Le calme plat le renvoyait à ses cauchemars.

L'ordre qu'on ne donnait pas. Le car sur la place. Les oiseaux de proie.

Au souvenir du court métrage que Maroujal avait tourné le jour du mariage de Saïd et Mado lui vint une seconde idée.

Comme à son habitude, une fois sa résolution prise, il mena les opérations tambour battant. Il se rendit à la poste, consulta Germaine, la préposée, et téléphona à la préfecture. Une jeune personne très enjouée lui fournit les renseignements souhaités. La date limite des envois était fixée au 15 septembre.

Un film ? s'entendit-il répondre, bien sûr, nous sommes ouverts aux formes d'expression les plus variées, nous laissons aux candidats toute liberté...

De prime abord, un problème se posait : où trouver les fonds nécessaires ? Il n'était qu'un curé de campagne, ventre creux certes non car Eponine veillait, mais aux ressources par ailleurs si modestes qu'elles frisaient l'indigence.

Jusqu'à quel point Maroujal accepterait-il de cautionner une telle entreprise ? L'abbé voulut en avoir le cœur net. Une heure plus tard il poussait la porte de la pharmacie avec la farouche détermination d'un combattant qui, au front, tente une sortie.

Il n'y alla pas par quatre chemins :

— Comment envisagez-vous l'avenir de Combejalade, monsieur Maroujal ?

— Vous me prenez au dépourvu !

— Rose ?

— Ce serait beaucoup m'avancer...

Maroujal disposait des flacons de collyre sur un présentoir en noyer.

— Combejalade se dépeuple, reprit l'abbé, je le déplore et vous aussi, probablement. Certains chuchotent même que la distillerie de lavande fermera sous peu ses portes...

— Qu'est-ce que vous me chantez ? Vous seriez malvenu de vous plaindre ! Le toit de l'église réparé, votre presbytère remis à neuf... Je saisis mal, je l'avoue, l'objet de votre visite !

— Ne le prenez pas en mauvaise part, mais je pense que lorsqu'une occasion se présente, il est judicieux de la saisir...

— Bigre ! Vous avez une solution miracle à me proposer ?

— Miracle ? Non, évidemment...

— Alors ?

— Les enfants...

— Quoi, les enfants ?

L'abbé exposa en quelques mots son projet. Il soufflait comme une forge. Maroujal le dévisageait avec méfiance :

— Un concours ? Vous n'êtes pas sérieux !

— Réfléchissez : si nous choisissons de tenter l'aventure, si nous nous mettons sur les rangs, si tout marche au mieux, ce serait un moyen unique d'attirer l'attention...

— Attirer l'attention de qui ?

— La presse, les médias... De vous à moi ne serait-ce pas un de ces événements qui délient les langues, excitent la curiosité ?

Un silence s'établit. Maroujal hésita une seconde, puis :

— Résumons : les gamins auraient à se regrouper afin de constituer un dossier sur Combejalade, c'est ça ?

— Effectivement.

— Le gros lot ?

— Un voyage. Ils le méritent. Ils découvriraient un pays, une civilisation qu'ils ignorent...

— Quel pays ?

— L'Egypte ou Israël...

L'élan de sympathie du maire baissa aussitôt d'un cran :

— Hum ! Je devine où iraient vos préférences !

— Mes préférences ?

— Ils ne partiraient pas seuls, n'est-ce pas ?

— C'est exact. Quelqu'un les accompagnera.

— Vous allez vite en besogne ! A vous entendre, la victoire semble déjà acquise !

— Admettons que nous décrochions la timbale... Pensez au résultat ! Combejalade au centre des regards, sous les projecteurs, du jour au lendemain...

— Allons, faut pas rêver !

— Si, justement.

— Qu'êtes-vous venu me demander au juste ?

— L'appui financier de la commune.

— Rien que ça !

— Je me suis mal exprimé : il ne s'agirait que de l'achat de quelques pellicules Super-8...

— Super-8 ? Que signifie ?

Fin tacticien, l'abbé avait gardé son meilleur argument pour la fin. Il connaissait la corde sensible du maire.

— Voici : si nous souhaitons réussir, nous devons miser sur l'originalité. Ainsi, au lieu de nous contenter de croquis, de poèmes ou encore de photographies, il serait possible de proposer aux enfants de tourner un film, ici même... Qu'en pensez-vous ?

Maroujal le regarda longuement, indécis. Il passa une main dans ses cheveux.

— Mon Dieu, c'est à creuser... Une objection, cependant : le coût global d'un film, même de courte durée, ne se réduit pas au prix de quelques pellicules, comme vous semblez le croire. Il est ensuite nécessaire de le monter, de le sonoriser. Cela suppose certaines compétences qui, mon devoir est de vous en avertir, ne s'inventent pas. Cela représente aussi des frais supplémentaires...

— Si considérables que cela ?

— Non, bien sûr que non...

— A la bonne heure ! C'est donc là que vous intervenez.

Maroujal blêmit :

— Moi ? Vous voudriez que j'y sois de ma poche ?

L'abbé eut un sourire malicieux :

— Soyez rassuré, j'en appelle à votre savoir-faire,

non à votre bourse. Vous disposez d'un excellent matériel. Accepteriez-vous de me le confier ?

— Le cas échéant, oui... si vous vous en portez garant... pourquoi pas ?

— Je vous remercie. Croyez-moi, votre aide, vos conseils nous seraient très précieux !

A demi convaincu, flatté qu'on le mette à contribution, Maroujal promit de réfléchir. Une cliente toussait, derrière l'abbé : la veuve Grazielli, qui s'impatientait, et réclama à voix basse un collier anti-puces pour son cher pékinois.

L'abbé avait remporté la première manche. Le soir-même, il tâta le terrain auprès d'Eponine, se répandit en précisions sur Jérusalem, qu'en hébreu Jésus prononçait *Yerouchalaïm* et en araméen *Yerouchelem*, l'Etat d'Israël, les différents rites hébraïques.

— Vous dites *shabatt*, l'abbé ? fit-elle en écorchant le mot. Vous avez un cheveu sur la langue, aujourd'hui, où c'est ce sabbat de malheur où jadis se rendaient les sorciers ?

L'abbé la détrompa.

— Ça te plairait d'y aller ?

— Jésus-Marie ! Je suis bien trop vieille ! Le bateau, j'ai jamais supporté. Je suis malade et je rends tout ce que je sais.

— Je me suis laissé dire qu'aujourd'hui les avions ne sont plus tout à fait des vues de l'esprit...

— Bah, moi, les tours du monde, c'est pas comme vous, j'y suis guère habituée !

Elle fit à ce moment-là une curieuse association d'idées :

— C'est vrai, ça, qu'en Indochine vous avez mangé des côtelettes de chien, l'abbé ?

— De qui tiens-tu ces bêtises ?

— Il paraît que vous l'auriez dit à Ridouane, l'autre jour, quand vous lui avez acheté un pneu rechapé... J'ai laissé la tapenade dont vous n'avez pas voulu au frigidaire, au cas où vous auriez un creux cette nuit. J'ai bien fait ?

Ces propos égayèrent l'abbé. Eponine prit congé. Elle avait d'autres soucis. Sa vieille maman l'attendait.

Point sot, Maroujal avait entrevu l'impact.

A quelque temps de là, la séance du conseil municipal s'ouvrit sur un tollé. Ce curé, décidément, n'avait pas fini de créer des complications. Un film, et puis quoi encore ? Une superproduction, tant qu'il était ! En technicolor ! Il dépassait les bornes !

— Vous l'appuyez, Maroujal ? Le budget de la commune n'est-il pas assez serré comme ça ?

Le notaire, libre penseur et près de ses sous, sortit en claquant la porte.

— Ça les occupera ! lança Maroujal, exaspéré. Mieux vaut ça que de les voir traîner, ou chaparder !

Puis il évoqua la lente décrépitude du village, son mince avenir touristique. Pourtant, de ce point de vue, Combejalade n'avait rien à envier aux autres !

Il faut croire que l'aide de Dieu rôdait ce soir-là autour de la table, où des mains moites, fatiguées, trituraient trombones et élastiques. Les conseillers n'eurent du reste pas à faire preuve d'une prodigalité démesurée. La somme minime souhaitée par l'abbé fut débloquée à trois voix de majorité, de quoi rehausser l'image de marque de Combejalade, avec leurs encouragements en prime.

Maroujal avait bien manœuvré. Il voyait déjà les reporters débarquer en surnombre, dévorés de curiosité, Radio Monte-Carlo, le délire, Combejalade sur toutes les lèvres.

Il accorderait, bien sûr, des entretiens en veux-tu en voilà.

Nul n'est parfait.

Le feu vert était donné. L'abbé rassembla les

enfants disponibles. S'ils acceptaient, tous auraient un rôle à jouer, mais la partie était loin d'être gagnée d'avance.

Sur une mappemonde, il leur montra l'Egypte, puis Israël. Dingue comme c'était minuscule. Elle est vraiment morte, la mer ? Peut-être, après tout, auraient-ils de fameuses surprises, au bord du lac de Tibériade...

Les réunions se déroulèrent dans le jardin, côté ombre. Et quand l'ombre tournait, on se déplaçait. Et on se déplaçait encore, on se mettait à l'abri des ardeurs du soleil. Il aurait suffi à chacun de rester là une journée entière pour revenir à son point de départ, poser ses fesses au même endroit, à un brin d'herbe près.

Voilà le *b a, ba*, leur expliquait Maroujal, promu conseiller technique, voilà comment vous devez apprendre à vous servir de la lumière.

Des jours durant, ils se familiarisèrent avec la caméra, la mise au point, le lent glissement du zoom qui vous mettait un nuage à portée de la main, la science savante des cadrages.

Il importait de mettre au point un scénario solide. Le débat était ouvert. Nos petites têtes en fumaient.

— Ce serait l'histoire d'une planète, dit Lucette, ou comme ça, parce qu'il en a marre, le bon Dieu décide de faire grève, alors il y a panne de pesanteur et tout le monde s'envole...

— Nous sortons du sujet, fit observer l'abbé. Nous ne disposons, je vous le rappelle, que d'un budget très limité.

L'objection ne les atteignit pas. Lancés, ils rivalisèrent d'imagination. Aucun des thèmes proposés n'engendrait la mélancolie. On souhaitait des gags et du suspense. Une attaque de diligence. Les sinistres exploits de Barbe-Bleue. Les sioux cruels et la belle captive qu'ils torturaient à feu vif, mais juste la pointe des pieds, surgissait un fringant cow-boy armé jusqu'aux dents qui leur faisait la peau ni une ni deux. Dagobert en side-car à travers les collines. Attila et ses hordes de Huns et, savourez le trucage, aussitôt l'herbe ne repousserait plus jamais sur leur passage.

L'abbé dut les ramener à la raison. Qu'ils le veuillent ou non, les conditions mêmes du concours — mettre en valeur l'arrière-pays — imposaient de se limiter au cadre strict du documentaire.

Il leur montra l'imprimé. De mauvaise grâce, et passablement refroidis, ils cédèrent.

A la séance suivante leur apparut qu'ils allaient au-devant de grosses difficultés. Comment, en cette saison de calme plat, donner l'illusion d'un village débordant d'activité ?

Ils ne s'en sortiraient pas, cela sautait aux yeux, sans reconstituer des scènes entières, donner dans le tableau vivant, sélectionner les angles, pour tout dire : *tricher*.

— Formid' ! lança Jeannot Sabatier. On va se déguiser !

— Il y aura des monstres sacrés ? s'inquiéta Lucette.

— Evidemment, acquiesça l'abbé : vous tous.

— J'ai un titre...

— Ma parole !

— Voui, chuinta Lucette en se tortillant.

— Dis-nous.

— On appellerait ça : *Menthe, Fenouil et Serpolet*...

— Mazette ! approuva Balmale, le rouquin.

— On ne va quand même pas filmer que des fleurs des champs ! protesta Jérôme Falcou, le fils du médecin. On va se planter !

— Toi, fit l'abbé, j'ai l'impression que tu as une idée.

— C'est que... j'avais pensé...

— Tu avais pensé ?

— Ben, on pourrait organiser une kermesse ! Il y

en a une, chaque année, à Fondoubine. Pourquoi pas chez nous ? Ça attirerait du monde.

— Et de quelle manière t'y prendrais-tu pour les « attirer », comme tu dis ?

— Facile : on passerait une annonce dans *Le Provençal*. On collerait des affiches. Les gens rappliqueraient ! Ce serait drôlement chouette, dans le film...

Heureux cœurs purs assis autour de ce doux rêveur qui ne demandait qu'à se laisser persuader. Gagné par l'enthousiasme général, l'abbé déclara qu'il tenterait l'impossible et se chargerait des formalités.

En attendant, puisqu'on parlait de promotion touristique, les gamins ne voulurent pas être en reste et prirent d'eux-mêmes une initiative qui subjugua les villageois.

Le cortège fit sensation. En grande pompe, ils descendirent jusqu'à l'embranchement de la nationale et, après le discours d'usage, un peu bâclé, plantèrent leur panneau bien en vue sous un olivier.

Quelques clous, une planche, un piquet et un fond de peinture bleue avaient suffi. Ils espéraient de cette manière attirer les estivants qui, n'en croyant pas leurs yeux, freineraient à mort et donneraient un spectaculaire coup de volant. On lisait :

VISITEZ COMBEJALADE ! SON ÉGLISE DU XVIIIe ! SA DISTILLERIE DE LAVANDE ! SA FONTAINE ! SES MARRONNIERS CENTENAIRES ! SA PLACE OMBRAGÉE !

Ils n'affluèrent pas. Il en vint, cependant, au compte-gouttes, des distraits qui semblaient s'être trompés de planète, admiraient les toits de tuile rose, applaudissaient à tout rompre les boulistes stupéfaits, faisaient le tour de la place, se tiraient mutuellement le portrait devant la fontaine, hurlaient de bonheur à la saveur incomparable de son eau, buvaient une bière en terrasse, rouges comme des écrevisses, quel calme, quel charme, puis disparaissaient on ne sait où.

Tant pis. On se passerait d'eux. Personne n'est indispensable !

L'équipe de tournage au grand complet s'installa un beau matin dans la cour de l'école. Lucette, qui cumulait les fonctions de script-girl, accessoiriste, habilleuse et maquilleuse, secondait l'abbé.

C'était la sortie des classes et ça allait barder. Les enfants se tenaient prêts.

— Moteur !

Ils jaillirent du perron comme une volée de plombs. Ils se chamaillaient, hurlaient à pleins poumons, fonçaient vers l'objectif. Le trépied chancela. Lucette s'indignait. L'abbé s'épongeait le front.

Étant donné le nombre restreint d'élèves, il fallut enregistrer plusieurs prises. Entre-temps les gamins s'accoutraient différemment, se barbouillaient le visage, se nouaient une écharpe autour du cou, se coiffaient d'un béret ou d'une casquette, méconnaissables.

Lucette, attentive, suçait son crayon. Elle signalait à l'abbé les caprices du soleil, les moindres anomalies, les mauvais esprits aux grimaces déplacées.

Ils simulèrent même une bagarre générale, sous le préau, et pour une fois l'abbé ne prit pas part aux hostilités.

On se promettait des retours en arrière et des accélérés bouffons.

Faute de combattants, il fallut beaucoup ruser pour que devienne crédible la très importante partie de foot, des permutations s'opéraient, des changements de maillot, on était tantôt dans un camp tantôt dans l'autre, champ, contre-champ, personne ne s'y retrouvait, si bien que plus tard, à la projection, Jeannot Sabatier, effaré, s'aperçut qu'il jouait contre lui-même.

On filma l'ancien four communal, pour la valeur décorative.

On filma l'officine du maire, les sœurs Porteil alignées devant des bouteilles aux reflets rouges et verts, le zinc du Café des Champions, le zinc du Bar de l'Europe, Saïd en tricot de corps se préparant à enfourner, et Fernand fit pour la galerie un très réussi rond de fumée.

Chaque soir, Eponine s'étonnait d'un tel enthousiasme chez son abbé, qui n'avait plus vingt ans mais mangeait comme quatre à présent, la morale était sauve.

On filma la distillerie de lavande. Absentes, les ouvrières furent remplacées le temps d'un clap par les filles Maroujal et leur mère.

On filma Ridouane sous un tracteur, seul son front dépassait, ses cheveux pleins de cambouis. On filma les joueurs de boules, qui prenaient des poses, l'église, la fontaine, et Mansour s'y abreuvait, les mains tendues, roulant des yeux terribles.

On rampait dans l'herbette, mais à peine s'était-on approché que les cigales se taisaient, invisibles. On courait après les biquettes mais ces dédaigneuses refusaient de passer à la postérité, parfois chargeaient, tête baissée, les mômes détalaient, l'abbé derrière eux, le trépied sur l'épaule, essoufflé.

L'abbé se devait lui aussi d'apparaître. Sur l'insistance des enfants, il abandonna veste de chasse et pantalon de coutil. Au vent, dans la garrigue, sa soutane à grands plis lui battait les flancs.

Coupez !

Il y eut ce dimanche-là tant de monde qu'on se

serait cru un jour de pardon. Combejalade vécut à l'heure fiévreuse des klaxons et des gaz d'échappement. Des tracteurs, des voitures, des vélomoteurs, des bicyclettes encombraient la place. Ça déboulait de partout, des plus lointains hameaux, on s'était donné le mot.

Munis d'un brassard, les enfants, intraitables, réglaient la circulation, canalisaient cette foule. L'abbé tenait la caméra.

Ce fut à quatorze heures, sur le terrain de foot, l'ouverture des stands. L'un des buts abritait une buvette. Des bouteilles de rosé, d'orangeade, de bière, rafraîchissaient dans des bassines pleines d'eau. Il y avait le jeu de massacre et le casse-pipes. On vendait des enveloppes gagnantes, des canards, des lapins, des glaces citron-vanille. Ils étaient accourus, le sourire aux lèvres, en famille. Ils s'amusaient à tirer sur des ballons rouges, verts ou bleus, qui éclataient quand on avait visé juste. Et quand on avait visé juste on gagnait quelque chose, une poupée, un chandail tricoté par Eponine, une peluche. Et dès qu'on avait gagné quelque chose on brûlait d'envie de viser encore plus juste, on voulait trop en faire et on ratait la cible.

Juché sur une caisse d'oranges, enturbanné d'une serviette-éponge, Tonin s'entortillait des orvets autour du cou. C'était effrayant. On lui jetait des pièces.

A quinze heures apparut Honoré Foussaillon, rondelet, buriné, conteur du Haut-Pays qui connaissait toutes les histoires du temps des vieux moulins à huile et des tourneries de buis.

A seize heures, ce fut la course en sac puis le radio-crochet. Certains, dont Fernand qui n'avait pas quitté les alentours immédiats de la buvette, se risquèrent à chevroter, dévorant le micro, le béret de travers.

A dix-sept heures eut lieu la course à l'œuf. Du

jaune macula l'herbe sèche, et des coquilles brisées. On se dépêchait, on serrait très fort la cuillère entre ses dents, le regard, eût-on dit, définitivement atteint de strabisme convergent.

A la tombée de la nuit se produisirent les *Jolis Cœurs*, orchestre typique et bénévole monté de Fondoubine. Les valses endiablées succédaient à des rocks traînants. Ils dansaient sous le ciel rose, le maire et son épouse, Julien Cantarel idem, l'instituteur idem, tous rajeunis d'innombrables printemps.

Le dernier plan fut une vue splendide du soleil couchant, qui ressemblait, au-dessus du clocher, à la boule d'un bilboquet.

L'attente, ensuite, leur brisa les nerfs. Deux semaines s'écoulèrent, mornes, interminables, avant que n'arrivent par la poste les bobines développées.

Ils se rendirent sans tarder chez Maroujal. On grimpa à l'étage, on ferma les volets. Le projecteur faisait un bruit de pédalier rouillé. Les premières images apparurent, les cœurs battaient. De nombreux plans hélas étaient flous, ou surexposés, des cadrages filaient gaillardement vers le ciel ou se fixaient avec obstination sur des espadrilles qui n'avaient rien demandé.

Lumière. Ils se regardèrent, consternés. Leur rêve s'envolait en fumée.

Maroujal se mit en demeure de les rassurer. Rien n'était perdu. Si ténu qu'il fût, dans ce fouillis un fil conducteur existait. Il le découvrirait. C'était affaire de technique et de cent fois sur le métier.

Maroujal tint son pari. Il monta le film en un temps record, tandis que les mômes rédigeaient un commentaire dithyrambique sur leurs ruelles, leurs collines, leurs oliviers, qu'ils lurent ensuite à tour de rôle, la gorge nouée, devant le micro.

Début septembre, une projection publique eut lieu

dans la salle du conseil. Leur œuvre, ils ne la reconnurent qu'à peine, mais tous acquirent bientôt la conviction que ces quelques semaines de bonheur influeraient sur leur vie entière.

Ils en feraient une tête, à la préfecture! Pareille merveille!

. La proclamation des résultats, ils n'osaient y penser. De l'eau aurait d'ici là coulé sous les ponts, la classe aurait repris, les leçons de catéchisme.

Ils sortirent, penauds, dans la nuit. A leur grand désarroi venait de leur être révélée l'abominable condition de l'artiste toujours insatisfait.

L'exaltation retombait.

8

L'abbé s'était réveillé tôt. Anxieux. Il abrégea sa promenade. Certains, à la première messe, remarquèrent qu'il avait la tête ailleurs. Nul ne songea à lui en tenir rigueur.

L'exiguïté de la salle à manger du presbytère ne permettait d'accueillir que peu de monde. A dix heures moins le quart, donc plus tôt que prévu, les enfants étaient là. A dix heures pile, Sosthène Maroujal faisait son entrée.

Beaucoup s'installèrent par terre, car on manquait de chaises. Bientôt, profitant d'un moment d'inattention, la petite sœur de Lucette se faufila sous la table. Il lui plaisait bien, ce toit improvisé. Elle babillait, heureuse, dans sa cabane. On s'efforça de l'en extirper. Elle se mit à hurler.

Avait-on jamais assisté à pareil remue-ménage entre ces murs austères ? Toutes les trente secondes, les mômes consultaient leur montre. Impossible de leur imposer le silence. Jésus-Marie ! Jésus-Marie ! marmonnait Eponine, dont on avait envahi le territoire.

L'abbé s'était procuré un second poste. Pour le son, c'était pas mal, c'était de la stéréo à l'échelon artisanal. A dix heures vingt-cinq, il tourna successivement les deux boutons. Ils écopèrent des derniers couplets d'une chanson à la mode. Comme par un fait exprès, les paroles (langoureuses) évoquaient de lointains tropiques, des vagues bleues, du sable fin et des palmiers...

Les *jingles* publicitaires se succédaient. Lessives et boissons avec bulles. L'abbé se sentait gagné par la panique. Ne s'était-il pas trompé de date ? D'émission ?

Des parasites incongrus vinrent soudain troubler l'écoute. Simultanément, tous les regards se tournèrent vers la porte, qu'on avait laissée ouverte. Sur la place, deux adolescents casqués poussaient à fond le moteur de leurs mobylettes. Maroujal s'élança. On le vit gesticuler. Les trublions firent, en guise de protestation, trois fois le tour de la fontaine, puis disparurent. Lorsque le maire revint, l'annonce des résultats avait commencé.

« Ont été particulièrement remarqués par le jury les dossiers de Valensole et Malijai... », proclamait une voix tout miel tout velours.

Les mômes redoublèrent d'attention. Les yeux leur sortaient de la tête. De moins en moins sûr de lui, l'abbé restait en retrait. Il songeait déjà, mal à l'aise, aux propos réconfortants qu'il devrait tenir en cas de défaite.

Enfin, le troisième prix fut annoncé : Montbiosc un village qu'aucun d'entre eux ne connaissait. Puis le second prix, une ville assez importante, au bord de la Durance.

Un concert de protestations emplit la salle à manger. Une ville ? Il y avait du favoritisme dans l'air ! Ils pouvaient tout se permettre, eux ! Ils avaient les moyens !

On aurait cru assister à une partie de ping-pong. Le regard des gamins allait alternativement de l'un à l'autre poste, comme si, au moment de l'apothéose, ils annonceraient des résultats différents : poste de gauche... premier prix : Digne ! poste de droite... premier prix : Combejalade !

Joyeux drille, le présentateur prolongeait le suspense à plaisir, commentait, félicitait. Personne ne pipait mot. Ça durait, ça durait.

« Et enfin, heureux gagnants, le premier prix, j'ouvre mon enveloppe.... *Comble...Comble-la-jade !* »

Qu'est-ce qui lui prenait, au présentateur ? Voilà qu'il bafouillait, à présent ! Qu'il inversait les syllabes ! On se moquait d'eux ! Il y avait erreur !

« Pardon, pardon, petite confusion... *Combejalade*, à l'unanimité, nos vainqueurs ! »

Ils n'en revenaient pas. Ils auraient aimé que ce soit enregistré, ils auraient réécouté la bande, une bonne dizaine de fois, histoire de savourer, de s'en remplir la tête comme d'une musique qu'on n'oubliera plus jamais.

— C'est bien vrai, monsieur l'abbé, on a gagné ?

— J'en ai l'impression, mes enfants... Bravo !

Ils se pinçaient. L'abbé cherchait ses lunettes qu'il avait sur le nez. La réaction des mômes fut d'autant plus vive qu'elle survenait à retardement. De nouveau un désordre total régna dans la salle à manger. Eponine avait depuis longtemps déserté cet asile d'aliénés. Ils se congratulaient, ils étaient les meilleurs, ils bousculaient les chaises. Puis, après un « hourra ! » repris en chœur, ils s'égaillèrent en hurlant sur la place.

Seul Maroujal n'avait pas bougé. Il mâchonnait son éternelle allumette.

— Alors, monsieur l'abbé, qui ?

— Je m'apprêtais justement à vous poser la question...

Dehors, au soleil, les enfants allaient de maison en maison, la nouvelle se répandait comme une traînée de poudre, bientôt tout le village voudrait arroser ça.

— Votre place est à la mairie, dit l'abbé. Sans doute vont-ils vous téléphoner.

— Un instant !...

— La décision vous appartient. Qui croyez-vous qui soit le plus habilité à accompagner ces enfants ?

— Tout dépend du pays que nous choisirons... Votre cœur, ce n'est un secret pour personne, pencherait plutôt pour Israël... Si vous voulez mon avis cependant, la descente du Nil ça ne doit pas être mal non plus !

L'attitude de Maroujal évoquait celle d'un garnement qui, méditant une facétie, peine à garder son sérieux.

— Tranchez, reprit l'abbé. C'est votre droit le plus strict. Vous êtes le maire de cette commune. Vous avez en outre participé à la réalisation du film...

— Participé ? Vous êtes trop bon ! Je l'ai sauvé, oui ! Ce ramassis d'images floues ! Sans moi...

— Pensons aux enfants. Ils ont leur mot à dire.

— Ça ! Je fais confiance en votre force de persuasion !

— Combejalade est aujourd'hui à l'honneur, monsieur Maroujal. N'est-ce pas le plus important ?

Maroujal s'approcha de l'abbé, lui tapota l'épaule :

— Dormez sur vos deux oreilles. Allez... Je vous souhaite un bon séjour là-bas ! Chaque année, les parents de ma femme remontent de Perpignan pour le réveillon, et avec Arlette, à cheval sur les principes comme elle est, impossible d'y couper ! Ces petits veinards seront entre de bonnes mains, j'en suis persuadé...

Maroujal s'éloigna, ravi de ce désistement simulé. Jamais il n'avait envisagé sérieusement d'être du voyage, mais les prérogatives c'est sacré, surtout quand on choisit, par pure bonté d'âme, de ne pas les exercer.

Ce soir-là, après confirmation du résultat, l'abbé écrivit à sa sœur Yaëlle qu'un événement heureux, inattendu, s'était produit. Coup de pouce de la Providence ? Sans doute ! Les enfants n'avaient pas chômé. Ils avaient donné le meilleur d'eux-mêmes. Ils récoltaient le juste fruit de leurs efforts, la légitime récompense. Si tout se déroulait comme prévu, ils avaient de grandes chances d'être en Israël, la nuit de Noël.

« Peut-être, conclut-il, le cœur serré, mettrons-nous à profit cette occasion pour nous revoir ? »

Comble de malchance, Mansour tomba malade (une grippe fulgurante) la veille de la cérémonie. Il semblait minuscule, Mansour, la tête enfoncée dans trois ou quatre oreillers superposés, enseveli sous un édredon de la taille d'une montgolfière. Il transpirait à grosses gouttes, il se liquéfiait, il s'évaporait par tous ses pores, bientôt, à cette allure-là, il ne resterait de lui qu'une tache d'humidité au plafond

Mado rentra vers quatre heures de l'après-midi, les cheveux trempés.

— Tu as été gentil ? demanda-t-elle. Tu as pris tes médicaments.

— Mais oui... Tu m'avais promis.

— Du calme, voyons. Je vais te raconter...

Elle s'assit sur le rebord du lit, entreprit de frictionner ses cheveux au moyen d'une serviette-éponge :

— Tu sais, depuis ce matin, on craignait le pire, il y avait ces nuages bas, menaçants, qui roulaient du côté des crêtes... La pluie, personne ici n'est contre, ça non, mais il faut reconnaître que le moment était mal choisi !

— Comment c'était ? Réussi ?

— Minute, je t'explique...

— J'ai entendu de la musique. Et des pétards.

— L'orage, tu veux dire !

— C'est pas juste... Pourquoi j'ai de la fièvre, dis ?

Mado soupira :

— Si tu m'interromps sans arrêt, je ne vais jamais y arriver !

— Bon, bon, je me tais.

— Nous on attendait, sur la place, en rangs d'oignons, la foule des grands jours, l'abbé, le maire, Amédée, même Fernand, ce sac à vin, avait fait un effort, tu te rends compte ? Si tu l'avais vu, avec sa cravate ! J'ai cru qu'il allait étouffer... Comment tu la trouves, ma nouvelle robe, au fait ?

— Jolie.

— N'est-ce pas ?

Mansour perdait patience.

— Alors voilà : à onze heures, toujours personne. « L'exactitude est la politesse des rois », on dit...

— Qui ça, *on* ?

— J'en sais rien... C'est une maxime ! C'est cent pour cent bon sens, des fois, les maximes ! Sûr et certain qu'ils se sont trompés de chemin, répétait Amédée... Et de se plaindre du mauvais état des routes, de la signalisation défectueuse, bref, nous on s'inquiétait, avec ces nuages au-dessus de nos têtes, l'air pas francs du collier, et il faisait de plus en plus lourd, et les mouches piquaient...

— Et ceux de la fanfare ?

— Fins prêts, eux aussi.

— Et le facteur ?

— A son poste.

— Et Saïd ?

— Il dormait. Il a travaillé dur, cette nuit.

— Et les copains ?

— Parlons-en, de tes copains ! Des propres à rien, oui !... Où j'en étais ?

— Il faisait lourd, répéta Mansour d'une voix fluette. Il faisait lourd et les mouches piquaient.

— Ah oui ! Ce qu'on a enduré ! Brusquement, voilà qu'on entend des coups de klaxon, en bas, au croisement... la fanfare se prépare. Eh bien, non, ce n'était pas encore lui, mais des tas de voitures et un semi-remorque...

— Un semi-remorque ?

— Pour te donner une comparaison, pas très différent de ceux qu'on voit sur les marchés... Seulement celui-là, quand on l'ouvre, à l'intérieur il y a comme une estrade, presque une scène de music-hall, avec des lumières de toutes les couleurs qui clignotent, des haut-parleurs et des micros partout...

— C'est vrai ?

— Pourquoi je te mentirais ?

— Et le préfet, quand est-ce qu'il est arrivé ?

— Vers midi.

— A pied ?

— Mais non, ce que tu peux être bête ! Ça ne va jamais à pied, ces gros bonnets, c'est des gens qui tiennent le haut du pavé ! Il était installé dans une DS noire, superbe, escortée de quatre motards...

— Quatre, tu en es sûre ?

— Evidemment, j'en suis sûre ! De beaux gars, en plus de ça, des baraqués !

Quoique désormais fidèle, Mado restait sensible, en elle, aux impératifs de la nature.

— Sa femme l'accompagnait... Très chic ! Ce tailleur ! Et des bas noirs, par cette chaleur... Maroujal, les salamalecs, il s'y était préparé. Ils se sont serré la main. Ensuite, il a présenté l'abbé. Le préfet l'examinait de la tête aux pieds, j'ai remarqué, comme s'il le reconnaissait...

— Tu crois ? Il est célèbre ?

— Mon idée, c'est qu'on a déjà dû beaucoup lui en parler, de notre curé. Alors il le dévorait des yeux, le préfet, l'oiseau rare...

Mado secoua ses cheveux enfin secs. Mansour réclamait d'autres détails.

— J'y viens... La fanfare a entonné un petit air guilleret, ils sont montés sur le podium, droits comme des piquets, c'est l'étiquette qui veut ça, autour d'eux il y avait toutes ces lumières qui clignotaient, le préfet a prononcé un chouette discours, rien que des mots choisis, des mots de la ville, puis il a remis le billet de groupe et les réservations à Maroujal, qui aussi sec les a tendus à l'abbé...

— Alors on a gagné !

— Tu en doutais ?

— Qu'est-ce qu'il disait ?

— Qui ?

— Ben, l'abbé.

— Rien. Il ne disait rien. Rudement ému, notre curé ! Ça a été le triomphe, les applaudissements... Il se rengorgeait, Maroujal, il jouait au modeste. Quand je pense qu'il a failli vous accompagner !

— Bof, de toute façon, si je suis encore malade, je pourrai pas y aller...

Cloué au lit, Mansour sombrait dans des abîmes de transpiration et de dépit.

— Encore malade ? Quel imbécile tu fais ! D'ici là, tu seras rétabli ! Tu veux que je te raconte la suite ?

Mansour plissa les lèvres, la tête entre les mains, anéanti.

— Tu n'en as plus envie ?

— Ils continuent, les jeux ?

— Oh, ça va durer jusque tard dans la nuit...

— C'était déjà terminé ?

— Bien sûr que non ! Maroujal a offert à la préfète du fromage de chèvre et des flacons d'huile essentielle de lavande... de l'authentique, pas de la chimique ! Il a pris le micro, il a déclaré qu'il était pour le progrès et l'amitié entre les peuples. Il a ajouté qu'il avait foi en l'avenir de notre région, malgré les problèmes qui se posent, en particulier la sécheresse... Patatras ! C'est à ce moment-là que ça s'est gâté, que l'orage a éclaté. Il tombait mal, Maroujal, avec sa sécheresse ! Et il pleuvait, et il pleuvait, on courait nous mettre à l'abri, ça craquait de tous les côtés, les éclairs, le tonnerre, et il pleuvait, et il pleuvait !

Mansour, qui imaginait la scène, se déridait.

— Ensuite, continua Mado, il y avait un lunch au

Café des Champions, offert par R.M.C., drôlement bien achalandé, le buffet, des gâteaux, du champagne... enfin, peut-être du mousseux, je ne fais pas trop la différence, toujours est-il que c'était fameux ! On causait entre nous, le petit doigt en l'air, une cohue, on se lançait des amabilités, j'ai même parlé à la préfète, « vous en avez de la chance d'habiter un village aussi coquet », elle m'a dit, le préfet a signé le Livre d'or, c'était vraiment réussi, seulement tout à coup Amédée est arrivé, il réclamait de l'aide, des secours, il y avait du vilain, selon lui...

— Du vilain ?

— Tes petits copains ! Tes petits copains qui n'avaient rien trouvé de mieux que de se bagarrer sous la pluie ! Divisés en deux clans, à ce qu'il m'a semblé : ceux qui vont partir avec toi, et ceux qui vont rester...

— Normal ! Ils y sont allés, eux, en vacances, cet été ! Chacun son tour !

— C'est bien mon avis... Ils ne plaisantaient pas, je te jure, ils se flanquaient de sacrées peignées, ils roulaient dans les flaques en se bourrant de coups de poing !... Les gens de R.M.C., de vrais pros, ils ont réagi au quart de tour, ils ont branché la sono, mis de la musique et annoncé qu'ils allaient procéder à une gigantesque distribution de gadgets, porte-clefs, ballons, casquettes... Ils se sont aussitôt calmés, les hargneux, couverts de boue, ils avaient bonne mine ! Le préfet, il souriait, très gentleman, comme si rien ne s'était passé... Il a félicité une dernière fois l'abbé et Maroujal, il leur a donné l'accolade et il est reparti... Les reporters ont pris des tas de photos. Ce sera sûrement demain dans *Le Provençal*. Je te les montrerai. Tiens, je t'ai aussi rapporté un cadeau... Tu es content ?

Mado sortit de son sac à main une casquette jaune à visière transparente. Mansour la coiffa, puis réclama un miroir.

Lorsqu'il se vit, il éclata de rire. Les cheveux trempés de sueur, il ressemblait à un coureur cycliste en plein effort au sommet du Tourmalet.

A la demande générale, une seconde représentation du film fut organisée. Il s'agissait cette fois d'une copie, la préfecture se réservant le droit de disposer de l'original, à toutes fins utiles.

Le lendemain, au petit déjeuner, Eponine apostropha l'abbé :

— Dites donc, il a eu un sacré succès, votre film ! C'est pas souvent que j'ai mis les pieds dans un cinéma, mais je vous assure, celui-là il me plaît !

— Tu t'es reconnue ?

— Pour ça ! A part que, de me prendre mon mauvais profil, vous auriez pu éviter !

Eponine lui versa un second bol de café. Elle ne buvait que de la chicorée. Déjà qu'elle ne dormait que d'un œil, alors, pensez !

Une question la démangeait :

— A propos, quel sort vous lui réservez?

— De quoi parles-tu ?

— Votre film, pardi ! Ce serait dommage qu'on l'oublie ! Ils vont le passer à la télévision?

— Je n'en ai aucune idée.

— Et votre sœur, là-bas, en Israël ? Vous devriez le lui envoyer ! Ce serait gentil, de votre part ! Comme ça, elle verrait où vous vivez, elle se rendrait compte que vous êtes bien traité...

— Je ne crois pas qu'elle se fasse de souci à ce sujet !

— Au moins, qu'ils sachent qu'on est des gens civilisés !

Elle bougonnait. Il l'aurait embrassée. Une pudeur le retint. Oui, cela plairait peut-être à Yaëlle de connaître son nouveau cadre de vie. Aurait-il jamais songé à lui faire parvenir une photo du minuscule bureau où il travaillait à l'évêché ?

Le paquet fut pesé puis timbré par Germaine, la préposée, avant de partir à la première levée.

Chavère, le cordonnier, mourut le lendemain de la Toussaint. Il ne serait pas remplacé. On sonna le glas. L'homme était aimé. Des talons qu'il avait ressemelés foulèrent la terre rouge autour de sa dernière demeure tandis que l'abbé prononçait son oraison.

Au presbytère, cette nuit-là, il retourna le sablier. Il regardait couler le sable par l'étranglure étroite.

Une semaine plus tard, Yaëlle entrait en trombe à la cuisine.

— Tenez, c'est pour vous, dit le facteur. Elle vient de loin, celle-là !

De tout temps, le style épistolaire de sa sœur très alerte, truffé de points d'exclamation, avait amusé l'abbé. Yaëlle lui apprenait que le film avait ravi les enfants du kibboutz. Combejalade faisait désormais l'objet de toutes les conversations.

« L'hôtel, vous allez vous y ennuyer, écrivait Yaëlle. Pourquoi ne viendriez-vous pas plutôt chez nous ? On s'arrangera. Il y a de la place. J'en ai parlé au chef du village et au rabbin. Frais de séjour à notre charge. Mais si !... En contrepartie — je t'étonne ? — vous pourriez par exemple recevoir à Pâques, dans votre village, quelques-uns de nos gamins qui brûlent de connaître la France... J'attends ta réponse... »

La proposition ne le surprit pas outre mesure. Il pesa longtemps le pour et le contre. Il s'en ouvrit à Maroujal qui, étonnamment conciliant, lui signifia qu'au sujet du renvoi d'ascenseur on aviserait au moment opportun, et lui conseilla de consulter les parents. Ceux-ci ne soulevèrent aucune objection.

L'abbé téléphona à la préfecture. Sans doute commençait-on à le considérer comme un original.

Il ne rencontra qu'une opposition de principe, vite étouffée. Si on lui offrait là-bas le gîte et le couvert, s'il souhaitait en pleine connaissance de cause modifier les conditions de séjour, s'il répondait de la sécurité des enfants, eh bien, libre à lui, il avait carte blanche ! Les billets d'avion leur restaient évidemment acquis. Les réservations d'hôtel seraient purement et simplement annulées.

L'abbé remercia Eponine, qui en rougit jusqu'aux oreilles. Ah, cet abbé ! Comme prévu, dix enfants s'étaient inscrits sur la liste de départ.

Informé de ce changement de dernière heure, l'instituteur fit aux enfants un cours sur les *kibboutzim*. Il n'y connaissait rien, mais s'était documenté. Ils purent ainsi découvrir qu'on pouvait considérer ces communautés agricoles comme des modèles du genre, vieux rêve de l'humanité enfin réalisé, exemple à suivre, car on y mettait tout en commun, l'égalité y régnait, on ignorait la propriété privée.

Ce qui, convenons-en, donnait à penser.

Très excités, les enfants s'empressèrent d'interroger l'abbé.

— C'est vrai, ça, ce que dit mon père, fit Jeannot Sabatier, qu'il n'y a que des juifs, dans ce pays-là ?

Maroujal, qui par hasard se trouvait sur les lieux ne put résister au plaisir d'une bien bonne un peu lourde, et lâcha :

— C'est vrai, Jeannot... Même leurs gardes champêtres ils sont juifs, tu te rends compte ?

— Hé bé, s'étonna Jérôme Falcou, le fils du médecin, qui mélangeait tout, j'aurais jamais cru que tous les gardes champêtres ils sont juifs !

— C'est pas grave, fit Balmale, il vaut mieux être juif que con sur les bords, comme Amédée !

— Ça alors... rétorqua Lucette, je pense pas que les gens, là-bas, ils soient tellement différents de nous ! D'ailleurs, rien ne les empêche d'être comme Amédée, garde champêtre, juif et con !

Maroujal sentit peser sur lui le regard de l'abbé. Il comprit qu'il était allé trop loin.

— Ça suffit, bougonna-t-il. Juif, ce n'est pas un défaut.

— Et garde champêtre, c'en est un ? lança, narquois, le fils du médecin ?

— Bien sûr que non ! Il faut de tout pour faire un monde !

L'abbé, qui jusque-là s'était maîtrisé, intervint :

— Il faut de tout pour faire un monde, n'est-ce pas, monsieur Maroujal ? Reconnaissez qu'il serait stupide de se priver à la fois de bon Dieu et de garde champêtre !

— Très juste ! Les gardes champêtres ça peut toujours servir !...

Sur ces bonnes paroles, ils se quittèrent. Le lendemain, Maroujal officiait tranquillement dans sa pharmacie lorsqu'il apprit la nouvelle. Amédée avait encore fait des siennes : piqué au vif, il s'était présenté en grand uniforme à la mairie afin de présenter sa démission.

On ne l'avait jamais vu dans un état pareil. L'insulte, nom de nom, était de taille ! Il retirait ses billes, Amédée ! Il demandait réparation !

Le sang du maire ne fit qu'un tour. Ses soupçons se portèrent aussitôt sur le médecin, son beau-frère, à qui son fils avait probablement confié ce qui s'était passé la veille.

Un doute lui vint : l'abbé n'avait-il pas lui aussi, d'une manière ou d'une autre, trempé dans ce coup fourré ?

En foi de quoi, sans même avoir pris le temps d'ôter sa blouse, il déb"oula, furieux, au presbytère :

— Suivez-moi, monsieur l'abbé ! C'est urgent !

Il écumait. L'abbé feignit d'avoir mal entendu :

— Des ennuis, monsieur Maroujal ? Quelqu'un de malade ?

— Pire que ça ! On complote derrière mon dos, et ça me déplaît, je vous prie de me croire ! Si vous ne comprenez pas, je vais vous expliquer !

Comment l'abbé aurait-il pu comprendre ? Comment aurait-il pu se douter que Jérôme Falcou, conscient de son petit effet, langue de vipère à ses heures, était allé raconter à Amédée que le maire et le curé avaient eu une longue conversation d'où il ressortait *clairement* ceci : « les gardes champêtres sont tous des cons » ?

L'abbé haussa les épaules :

— Allons, monsieur le Maire, gardez votre sang-froid ! Il ne s'agit probablement que d'un... d'un léger malentendu. Je crois du reste savoir que depuis qu'il a été nommé à ce poste, Amédée a donné sa démission plus d'une dizaine de fois...

— En effet... Il est connu pour avoir la tête près du bonnet !

— Nous le ramènerons très vite à la raison, vous verrez...

Le ton accommodant de l'abbé désappointait Maroujal. Il préféra renverser la vapeur :

— Vous n'êtes pas dans le coup ? Vous pouvez me l'assurer ?

— Pourquoi, dites-moi, aurais-je intrigué de la sorte ? Qu'avais-je à y gagner ? Je vous suis de ce pas. Notre homme doit s'impatienter.

— Inutile ! Je me débrouillerai seul. Si vous n'êtes pour rien dans cette histoire, je n'ai plus besoin de vous...

— Vous m'avez cependant soupçonné de je ne sais quelles manigances ! Le ressentiment vous égare, monsieur Maroujal.

— Le ressentiment ? Quel ressentiment ?

— Je suis prêt à vous céder ma place, si ce voyage continue à vous tenter...

— Il n'est pas question de cela, voyons. J'ai... j'ai d'autres obligations.

— Dans ce cas, n'en parlons plus.

— Parlons-en, au contraire ! Quelqu'un s'est amusé à nos dépens, et je découvrirai la vérité, je vous en fiche mon billet ! Amédée, j'en fais mon affaire...

Maroujal bredouilla un timide « mille pardons... acceptez mon amitié », puis tourna si vite les talons que l'abbé en resta médusé.

Nul ne sut jamais quels propos le maire et Amédée échangèrent ce matin-là. On les vit au Bar de l'Époque, à l'heure de l'apéritif, en grande conversation. Ils vidèrent trois pastis d'un jaune sombre où, à l'analyse, l'élément aqueux n'aurait manifesté sa présence que par d'infimes traces, puis, jugeant son autorité rétablie, Amédée recoiffa son képi, rectifia tenue puis moustaches, commanda une tournée générale car il était bon bougre, et l'incident fut oublié.

Vers la mi-décembre arriva au village, accompagné du père supérieur, le jeune prêtre qui durant les fêtes de Noël remplacerait l'abbé. Une moue aux lèvres, l'arrivant, homme septentrional né très au nord de Sisteron, arpenta l'église comme on visite un chantier : quand, je vous prie, les travaux seront-ils terminés ?

— Il ne vaut pas cher, celui-là ! glissa Eponine à l'oreille de son abbé.

Le père supérieur s'interrogeait. L'abbé s'était souvent inquiété de ses racines. Quels sentiments confus éprouverait-il le jour où il foulerait la terre d'Israël ?

Devant le feu roulant de ses questions, l'abbé battit en retraite. Il n'y a pas de progrès dans la foi, répondit-il. On l'a ou on ne l'a pas. On l'a parfois sans même le savoir, et on ne l'a pas alors qu'on croyait l'avoir. Qu'importent, au regard de la sincérité, ces querelles de dogme, ces courants de pensée ?

— Tu es un excellent prêtre, Jean-Pierre. Tu as toute ma confiance. Sois honnête... tu ne te considères pas non plus vraiment comme un *gentil* !

— Jamais je ne renierai mes parents. Jamais. Ce serait, envers leur mémoire, l'offense la plus grave.

— Ces enfants, tu t'en es plus ou moins servi... C'est toi qui a choisi Israël ! L'Égypte ne te tentait pas ?

— Ce sera pour une autre fois !

— T'est-il venu à l'esprit que ton geste pourrait être mal interprété ? J'ai eu vent de certains... certains différends entre toi et tes paroissiens...

— Affaire réglée. C'est du passé.

— Passé dont, sur un autre plan, tu continues à tenir compte !

— La terre d'Israël est aussi celle où Marie fut visitée par l'Esprit saint. Celle où naquit Notre-Seigneur.

— Bien sûr, bien sûr...

— L'Histoire sainte c'est aussi de l'histoire tout court... Le monde est large, aujourd'hui !

Le père supérieur se souvenait du bouillant Jean-Pierre — encore pour beaucoup Abraham — que sa récente conversion prédisposait au combat, et qui, par la faute d'une blessure grave, s'était vu contraint d'y renoncer.

— Quel âge as-tu, dis-moi ?

— Trente-huit.

— Bigre ! Et tu me sembles aussi fiévreux qu'un gamin ! Incorrigible !

— Il n'y a pas de temps à perdre. Chaque minute gaspillée est une minute perdue pour notre sacerdoce... et l'Éternel.

— Ou à lui dédiée, qui sait ? lança le père supérieur avec un sourire de côté.

9

A l'aéroport Nice-Côte d'Azur, Eponine ne dissimulait pas son inquiétude. Une nuit blanche et maintenant la bousculade. C'était bien de l'abbé, ça, cette idée de partir en fanfare pour ce pays de sauvages, de tapis volants et de serpents à sonnettes. Encore heureux s'ils n'étaient pas détournés ! Ou pendus par les pieds !

Menton bas, pressant son petit sac à main contre sa poitrine de peur des bandits de grand chemin, elle ronchonnait.

Jésus-Marie. Jésus-Marie.

Elle finit, à court d'arguments, par reprocher à l'abbé le triste état de ses chaussures.

Les parents avaient tenu à accompagner leurs enfants. *Nice-Matin* couvrait l'événement. Immortalisé par les flashes, Sosthène Maroujal se refusait sur l'heure à toute déclaration.

Embrassés, recoiffés, assaillis de recommandations, les enfants promettaient d'écrire des cartes postales. On verrait dessus des dromadaires, d'immenses déserts et des minarets blancs. Ils se cachaient derrière les plantes vertes. Certains s'égarèrent aux toilettes. D'autres malmenaient les distributeurs de friandises ou collaient leurs chewinggums sur le sol en faux marbre.

La tension montait.

L'abbé fixait, perplexe, leur numéro de vol sur le tableau d'affichage. Quinze ans qu'il n'avait pas quitté la France. Lui venaient des envies de bourlinguer à n'en plus finir, de brève escale en brève escale.

Enfin, une voix suave, tombée des nues, annonça l'imminence de l'embarquement. L'abbé rassembla sa marmaille. Ce fut la séparation, les larmes et la fouille méthodique des sacs de voyage.

L'intérieur du Boeing 707 leur parut gigantesque un vrai hangar monté sur d'énormes patins à roulettes.

On s'installa. L'hôtesse leur démontra, tout sourire, l'utilisation fort aisée des masques à oxygène. L'abbé pâlit. Il avait pris place près d'un hublot. Il en allait à ses yeux des aéroplanes comme des automobiles...

Inch Allah !

Les mômes occupaient à grand bruit l'arrière de l'appareil, ceintures attachées, impatients de décoller et de dépasser le mur du son, car on ne la leur faisait pas.

Déjà, le commandant de bord les saluait en trois langues. Le 707 opéra un large arc de cercle au-dessus de la Baie des Anges. Penché, l'abbé aperçut le port, la place Ile-de-Beauté, minuscule enclave au milieu des toits rouges. Il se sentait comme Lazare. qui boit le soleil et qui boit la vie, tout étonné de n'avoir pas su mourir.

La côte disparut. Un yacht. Des voiliers. Du bleu-vert.

La première secousse, non la moins fulgurante, se produit dans l'avion. D'elle découleront toutes les autres, jusqu'au Mur des Lamentations.

Les mouvements de l'appareil le bercent. Il fait chaud, trop chaud, une bulle d'air confiné qui vous propulse à une extrémité désormais relativement peu éloignée de la terre. Il se laisse aller, l'abbé, à une douce somnolence. Il décompresse. Ce sera long, il le sait.

Cinq sièges devant lui, un homme s'est levé. Barbu, vêtu d'un caftan sombre, coiffé d'un chapeau noir, il s'approche. Il longe l'allée en se retenant aux dossiers. Il est d'une taille moyenne et ses yeux sont comme des olives noires extrêment mobiles. Il ne s'intéresse à personne, si ce n'est un voyageur vers lequel soudain il se penche.

Il parle si fort que l'abbé n'éprouve aucune difficulté à saisir le sens des mots qu'il prononce.

— Vous êtes juif ?

Surpris, le voyageur anonyme abandonne la revue qu'il feuilletait. Il marque un temps d'arrêt. Peut-être pense-t-il avoir affaire à un fou. Un illuminé. N'importe qui. Sur ces moyen-courriers on rencontre parfois des gens bizarres.

— Oui, pourquoi ?

L'homme au caftan noir le dévisage de ses yeux comme des olives noires extrêmement mobiles. Ses yeux brillent. On ignore encore d'où provient la lueur.

— Debout ! dit-il. Laissez-vous faire les *téfiline* !

Le ton est sans réplique. Le voyageur anonyme se lève. L'abbé, à quelques mètres seulement, ne retient pas sa respiration : c'est elle qui décide. D'un coffret, l'homme aux yeux d'olives noires sort des bandelettes de cuir, entreprend de les enrouler autour des poignets du voyageur anonyme.

Les bandelettes phylactères les lient à présent. Le Boeing affronte des trous d'air. La carlingue sous leurs pieds vrombit. Gros bourdon, turbine électrique, fracas d'une cascade perçu à travers des feuillages épais...

Les gestes de l'homme sont extrêmement lents, comme filmés au ralenti. Apparaît entre ses mains le châle de prière. Il en recouvre le voyageur, puis s'en recouvre lui-même.

— *Shema, Israël, Adonaïh,* psalmodie l'homme au caftan noir. Répétez.

Une certaine confusion s'opère, semble-t-il, à ce moment dans le cerveau de l'abbé. Un courant passe entre sa mémoire et ces deux hommes. Pour eux, rien n'existe plus, ni l'espace ni le temps, ils prient et leurs voix se chevauchent, rien n'a changé dans cette bulle d'air pressurisé depuis la destruction du temple de Salomon.

La cérémonie s'achève. L'homme aux yeux d'olives noires extrêmement mobiles dénoue une à une les bandelettes. Il remercie le voyageur anonyme.

— Vous et moi, dit-il, venons de gagner une petite part de paradis...

— Vous, peut-être ! riposte le voyageur. Personnellement, je crains, hélas ! de n'être juif que par... par tradition.

— Votre « hélas » est superflu. Mon geste ainsi comptera double. Je n'ai, en ce qui me concerne, aucun mérite. Sans doute, puisque je suis pratiquant, arrive-t-il à Dieu de penser que je prie par habitude... Je suppose que, vous, il n'a pas dû vous entendre bien souvent ! Un conseil, même si vous ne croyez pas : priez... partout... à tout moment... ça ne peut pas faire de mal !

L'homme au caftan noir regagne sa place. De dos, sa stature se modifie, voûtée. L'abbé n'en détache pas immédiatement son regard. Puis il se tourne vers le voyageur anonyme dont il ne verra plus que la nuque.

L'homme manipule sa revue, hésite à l'ouvrir. Ce n'est certes pas tous les jours qu'on peut se vanter d'avoir gagné une part de paradis à sept mille mètres d'altitude, tout juste avant de redescendre sur terre.

Quelques instants plus tard, comme une hôtesse se présentait afin de proposer des rafraîchissements, l'abbé ne peut retenir la question qui lui brûlait les lèvres :

— Dites-moi... Assiste-t-on fréquemment à ce genre de cérémonie sur la ligne ?

— Oh, ça n'étonne plus personne... Il paraît que c'est une manière qu'ont les juifs pieux de faire leur B.A. !...

Elle avait raison. Nul en effet, à part lui, n'avait semblé prêter attention à la scène...

L'abbé finit par trouver le temps long et s'endormit. Il rêva d'hommes en caftan noir qui apparaissaient par les hublots et lui proposaient sans sourciller une place de choix au paradis.

« Attachez vos ceintures, éteignez vos cigarettes, nous amorçons notre descente... »

Une voix lointaine. Peut-être n'était-ce qu'un demi-sommeil.

Pour quelles raisons avait-il choisi Israël, jusqu'à influencer les enfants en ce sens ? Désir de marcher sur les pas du Christ, avec sa jambe raide, d'assister à la messe de minuit sur les lieux mêmes de la Nativité ? Probablement. Mais il y en avait tant d'autres, plus profondes. Il s'était de tout temps plu à considérer que l'œcuménisme n'est pas un vain mot, avait entendu dire qu'il existe à Djerba une synagogue vieille de trois mille ans, sacrée tout autant pour les juifs, les chrétiens ou les musulmans.

L'Ancien Testament, d'accord, mais pourquoi pas le Nouveau ?

Dans le cœur des croyants, les deux font la paire...

Le 707 s'immobilise face aux bâtiments de l'aéroport de Jaffa-Tel-Aviv.

La belle ordonnance aussitôt se brise. Le désordre reprend ses droits. D'un même mouvement, les voyageurs se lèvent, défroissent leurs vêtements, s'emparent de leurs bagages.

On gagne la sortie.

L'abbé s'assura qu'aucun enfant ne manquait. Il fermait la marche. Ils atteignirent la passerelle. La couleur du ciel les surprit, d'un bleu léger, transparent comme l'eau d'une calanque. L'air charriait des odeurs de poussière, de kérosène et celles, vivifiantes, salées, de la mer proche.

Une angoisse sourde mêlée de jubilation envahissait l'abbé. Il faillit se prosterner, face contre terre. Il n'était pas le dernier. On poussait.

Ils furent fouillés, passeports visés et tamponnés. Les Israéliens ne négligeaient aucune précaution. Impossible d'oublier que cette terre était convoitée, meurtrie. Terre d'espoir. Terre de déchirements.

Dans le hall d'arrivée, une large banderole surmontait les têtes. Et le grouillement s'ouvrit, par vagues successives, les silhouettes qui s'agitaient en tous sens peu à peu s'effacèrent jusqu'à permettre à l'abbé d'apercevoir Yaëlle, de la reconnaître sans délai, comme si la séparation ne datait que de la veille.

Elle portait un jean et une chemisette vert amande. Elle était, avec les années, devenue le portrait craché de leur mère tel qu'il en gardait, intact, le souvenir.

Ces pommettes hautes, ces joues creuses, ces yeux ardents, scrutateurs, dans un beau visage aux lignes pures.

Ils restèrent ainsi immobiles, face à face, d'haleine à haleine. Dans ses lettres, elle était la joie de vivre, la fantaisie même. Dans la vie elle ne savait se montrer que sous une carapace que peut-être, adolescente, elle s'était instantanément forgée.

Déjà, à Villecroze, elle n'embrassait pas, ne touchait personne, détestait les manifestations de tendresse en public.

Des bulles crevèrent enfin cette surface trop lisse :

— Comment vas-tu, Jean-Pierre ?

— Bah ! on se maintient...

— Alors, on participe à des concours, maintenant ?

— Ça valait la peine, non...

Et d'ajouter :

— C'est extraordinaire d'être ici. Extraordinaire.

Il était bouleversé.

Yaëlle lui présenta David, le jeune homme mince, brun, bronzé, qui l'accompagnait.

On avait perdu les enfants. On les récupéra, dispersés aux quatre coins du hall. Sur le parking, un minibus Volkswagen bleu et blanc les attendait.

Yaëlle prit le volant. Le kibboutz se trouvait à une dizaine de kilomètres de Jérusalem.

On avançait pare-chocs contre pare-chocs. Des carcasses de voitures calcinées bordaient la route, des blindés hors d'usage brandissaient vers le ciel leurs canons éventrés, vision d'apocalypse, vestiges préservés de la lutte pour l'indépendance.

La circulation se fluidifia. A chaque virage, le passe semblait remonter pour vibrer dans la lumière. David commentait. Il s'exprimait en un excellent français. Les arbres sur cette montagne, apprirent-ils, avaient été plantés en souvenir des six millions de juifs morts dans les camps nazis. Un imposant monument représentait trois lances d'acier pointées vers Jérusalem. Des monastères à flanc de rocher, des forteresses médiévales témoignaient du passage des Croisés. Plus loin, surprise, une ville ultra-moderne, hérissée de grands ensembles qui contrastaient avec le reste.

Les gamins enregistraient. L'abbé dévorait du regard mais ne s'étonnait de rien. En Israël, les miracles ne font-ils pas partie du quotidien ?

Toujours le phénix renaît de ses cendres.

Puis David évoqua la guerre d'Indépendance. Ses parents morts au combat après avoir sorti de terre le kibboutz. Les enfants l'abreuvaient de questions. Assis à l'avant du minibus, l'abbé observait Yaëlle à la dérobée. Elle gardait le silence. Il l'imitait. Auraient-ils pu, d'une parole, de quelques mots convenus, gommer toutes ces années, prêter ainsi à croire qu'elles ne valaient pas mieux ?

Était-ce d'avoir passé quatre heures entre ciel et terre ? L'abbé se sentait léger comme un ballon gonflé d'hélium. Confiant. Ici, le présent était chargé de siècles, on s'enfonçait à cœur ouvert dans le limon des millénaires.

Ils longeaient des champs irrigués, des orangeraies. A l'ombre de pylônes à haute tension paissaient des troupeaux de chèvres noires. L'horizon rougeoyait.

C'est beau, un soleil qui, lui non plus, ne veut pas mourir.

Ils arrivèrent sans encombre. La nuit, maintenant, était couleur d'ardoise. On entrait dans le kibboutz par une allée encadrée d'arbres effilés entre lesquels tremblaient des reflets bleus.

Le minibus s'arrêta sur une place illuminée. Y était disposée une banderole tendue entre deux piquets métalliques :

BIENVENUE AU KIBBOUTZ DE L'ESPOIR

L'esprit pratique, l'abbé ne put s'empêcher de penser qu'elle servait chaque fois qu'ils avaient des invités.

On était vendredi. La première étoile scintillait.

David les abandonna. Yaëlle s'était assurée l'aide d'une jeune personne, bavarde et empressée, du nom de Dahlia. Au pas de gymnastique, ils furent conduits vers leurs appartements, en l'occurrence une vaste salle basse de plafond où chaque enfant disposerait d'un lit fait au carré, impeccable, et d'une petite armoire. Était réservée à l'abbé une chambre attenante, sobre, avec salle de bains.

Les hommes, expliqua Dahlia, avaient bon an mal an défriché près de trois cent cinquante hectares. Ils s'occupaient des cultures, de l'élevage des animaux, de l'atelier de mécanique. Ce qui se rapportait à la sécurité passait également par leurs soins attentifs. Mais tout ce qui, ici, concernait l'intendance, les achats à l'extérieur, était à la charge des femmes.

— Nous faisons tout... même les enfants ! plaisanta-t-elle. Les hommes, bien sûr, interviennent dans l'affaire à un certain moment ! Encore que...

Son sourire chaleureux irradiait.

Certains lits tentaient les enfants, d'autres pas. L'abbé les plaça d'autorité. Interdiction d'en changer ! Yaëlle lui prit le bras. Elle regardait sa barbe courte, ses sévères lunettes d'écaille, elle regardait sa croix.

Un cocktail avait été organisé en leur honneur dans la salle des fêtes, avant le dîner. Les enfants de Combejalade masquaient à peine leur déception. Ils avaient imaginé des accoutrements bizarres, de chouettes tenues des Mille et Une Nuits. Ces juifs, on les avait menés en bateau, ils ressemblaient à tout le monde.

Ils fraternisèrent très vite avec cinq ou six mômes du cru, nés de parents français, qui maniaient la langue.

Les questions fusaient.

— C'est loin de Paris, là où vous habitez ?

— Des moutons, vous en avez, et des chèvres, mais des chameaux ?

— Et le charmeur de serpents, dans le film, comment il s'appelle ?

— C'est pas des serpents, c'est des orvets, rectifia Lucette, de marbre.

A la suite de quoi, bien décidée à montrer qu'elle n'était pas intimidée et afin qu'aucune équivoque ne persiste, elle déclara que plus tard elle serait astrophysicienne ou vamp.

Le chef du village donna le signal des réjouissances. L'abbé fut placé entre Yaëlle et le rabbin. Celui-ci était apparu une fois l'office achevé. Ils sympathisèrent, comme il se doit, mais l'abbé se tenait sur ses gardes. Nul doute que, par l'entremise de Yaëlle, le rabbin fût au courant de la particularité de son état.

Il n'entendait pas débattre du sujet. Jésus, avec la foi, lui avait apporté la paix de l'âme — mâtinée, certes, à l'occasion, d'une bonne dose d'impatience...

Des toasts furent portés puis les plats défilèrent.

Rabbi Ishoua avait également, jadis, exercé les fonctions d'aumônier militaire. La guerre, la souffrance des hommes, lui aussi connaissait. Il fit ce soir-là un long discours qui ressemblait en quelque sorte à une homélie. Il mit l'accent sur les moyens qu'ont les hommes de rencontrer Dieu, sur les multiples chemins que prennent les uns et les autres, différents peut-être mais toujours parallèles, l'occasion leur est ainsi donnée de marcher côte à côte pour leur plus grand bonheur.

Le rabbin, qui était à l'évidence un maître de la dialectique, aurait pu développer son raisonnement durant des heures. Il eut droit à des applaudissements.

L'abbé avait saisi le message. Il lui fallait répondre. Après les remerciements d'usage, il entra dans le vif du sujet :

— Notre venue parmi vous, chers amis, est la preuve tangible que les hommes, s'ils l'ont ardemment désiré, ont toujours une chance de se rencontrer ! Les routes que nous prenons, même si elles sont bien souvent semées d'embûches, n'en demeurent pas moins les voies du Créateur... Je ne dirai pas que toutes mènent à Rome, je préfère et de loin celles qui mènent tout droit vers le cœur de l'homme, puisque Dieu nous créa à Son image, et qu'en nous honorant les uns les autres c'est Lui que nous honorons par-dessus tout...

Tout le monde était d'accord. Pour l'abbé l'essentiel était dit : puisque tous les chemins mènent à Rome. En Israël, il est vrai, Dieu fait partie du décor !

Les enfants s'agitaient. L'abbé consulta sa montre. Il était tard, très tard, ils avaient beaucoup parlé, et la journée du lendemain serait chargée.

Shabatt Shalom, on prit congé.

10

Ce premier matin, les enfants furent agréablement surpris du copieux petit déjeuner qui leur était proposé, dans le réfectoire, sous forme de buffet. Œufs, salades, crudités, olives, confiture, jus de fruits, impossible de décider, jamais ils ne pourraient tout avaler.

Ce n'était pourtant pas l'envie qui leur manquait !

L'abbé échangea quelques mots avec Yaëlle. Ils tâtonnaient. Sans doute était-il plus commode de remonter jusqu'aux jeunes années, avant la déchirure, Nice, la place Ile-de-Beauté, les bateaux qu'ils regardaient partir pour la Corse, ou ailleurs.

Yaëlle, malicieuse, se plut à lui rappeler qu'il rêvait d'être scaphandrier, en ce temps-là, lorsqu'ils allaient goûter chaque jeudi chez tante Sarah, quai Lunel, cet immeuble jaune pâle avec des volets verts.

Tante Sarah qui les gâtait, les tentures, les fauteuils moelleux, un univers feutré où régnait un gros chat persan, peu sociable et prompt aux coups de griffes malgré son ruban rose.

Elle n'était pas riche et vivait petitement.

— En définitive, dit l'abbé, j'ai le sentiment de ne pas avoir beaucoup dévié. Combejalade, ces paroissiens qu'il m'a fallu conquérir, un à un, c'était presque la pêche miraculeuse...

L'heure tournait. Le programme du jour ne leur laisserait pas un instant de répit. A grand renfort de disputes et de cris, les mômes s'installèrent dans le minibus, et l'on prit la direction de Jérusalem.

Shabatt : Yaëlle, aujourd'hui, ne conduisait pas ; Gamal, un musulman, la remplaçait.

La conversion de l'abbé intriguait visiblement David. On le sentait disposé à trouver des excuses — excuses que l'abbé d'office récusait, mais sur cette terre, le plus court chemin jusqu'à Dieu incitait à la patience. David l'écouta, chaleureux. Jean-Pierre n'était somme toute qu'un enfant de la guerre, privé de ses parents à un âge moins avancé que Yaëlle, donc plus vulnérable. Se tourner vers le Christ, n'était-ce pas sa manière à lui d'exprimer amour et reconnaissance envers cette famille qui l'avait recueilli ?

Ai-je encore une patrie ? s'interrogea l'abbé, alors que, passé la vallée de Josaphat, se profilait le mont des Oliviers.

Les enfants s'étaient tus. La déception de la veille s'estompait. Ils l'obtenaient enfin leur conte des Mille et Une Nuits.

Apparut la ligne crénelée des remparts. Derrière jaillissait une incroyable profusion de tours, de minarets, de coupoles, de clochers. A se pincer. Il y avait du rose sur Jérusalem, de l'ocre et du gris sous un ciel si bleu qu'il semblait celui d'une piscine.

Le minibus se gara sur un terre-plein. En route pour les lieux saints.

Très vite les frappa le contraste qu'offrait la capitale de l'Etat juif, à l'évidence coupée en deux. D'un côté la vieille cité, ses ruelles sans âge, tortueuses, frémissantes de vie, de l'autre la ville nouvelle, tournée vers l'avenir. Tous ici venaient se recueillir, les musulmans sur la roche du sacrifice d'Abraham, les juifs sur les fondations du temple dont ne subsistaient que ruines, les chrétiens sur le tombeau du Christ.

L'abbé, aux anges, relâcha sa surveillance, s'en remettant à David et Yaëlle. Une fois la porte Saint-Étienne franchie, en formation serrée, attentifs à ne pas se perdre de vue, ils empruntèrent la *via Dolorosa* dépassèrent le couvent de la Flagellation, où, dit-on, Ponce Pilate se lava les mains du sang de ce juste, puis la chapelle de la Sentence, là où Jésus fut dépouillé de ses vêtements, son front ceint d'une couronne d'épines.

De l'avis de Lucette, c'était géant. Ainsi le Christ était vraiment passé par là ? Deux millénaires, du haut de ses neuf années, ça lui semblait à peine hier.

Une foule remuante, bavarde, bariolée, encombrait le chemin de croix, franciscains en froc brun, filles de la Charité vêtues de gris, vieillards nonchalants, la barbe très longue, très blanche, femmes en robes noires brodées de motifs colorés. Des transistors déglingués suspendus à des clous diffusaient des mélodies arabes, on soufflait sur des braises au milieu de la frénésie générale, des marchands proposaient des fèves grillées, des dattes, des cotonnades, d'authentiques reliques ayant appartenu aux saints ou à leurs descendants, ce qui, cela va de soi, revient au même.

Et parfois, à un carrefour ou sur un toit apparaissaient des soldats en arme, gardiens d'une paix, hélas ! bien fragile.

Les mômes s'énervaient de trop de bruits, trop de couleurs, trop de monuments, trop de personnages insolites, trop de souvenirs à engranger.

Il fallait constamment rappeler les traînards.

Le passé développait ici toute sa saveur, forte, prenante, mêlé à un présent grouillant.

L'abbé, à l'occasion, marquait le pas, notait ses impressions sur un petit calepin jaune. Plus tard il renonça et préféra se fier à sa mémoire, sans doute plus fidèle, plus juste de ton que de simples mots couchés à la hâte.

Déjà rassasiés, ils débouchèrent sur l'esplanade du temple. Le ciel un instant se couvrit. Un vent violent, très sec, soulevait des nuages de poussière autour de la mosquée d'Omar. Les murs étaient ornés de faïences, du bleu, du vert, du violet, la coupole dorée surmontée d'un croissant dont Mansour fut le seul à ne pas s'étonner.

Les rafales jouaient entre les koubbas blanches, secouaient les eucalyptus et les micocouliers. Yaëlle retenait ses cheveux, qui lui fouettaient le visage comme des palmes sombres.

Enfin le soleil réapparut, les nuages s'éloignèrent tandis qu'ils obliquaient et se dirigeaient à grands pas vers le Mur des Lamentations.

Ils furent, avant d'y parvenir, soumis à un contrôle de police.

Des touffes de pariétaires poussaient entre les énormes blocs ocre contre lesquels des prieurs au *talith* zébré posaient leur front. Les pèlerins affluaient, coiffés de turbans noirs ou de chapeaux de fourrure d'où s'échappaient de fines papillotes, séparés par une palissade métallique des mères de famille, des touristes qui se photographiaient, indifférents au murmure lancinant, à la ferveur intense qui émanait du lieu.

Pour qui connaît l'abbé, la régularité de sa respiration, à ce moment, aurait eu de quoi surprendre.

Un groupe de mendiants l'attira. Juifs ou arabes, on n'aurait su le dire. Même folklore, mêmes haillons, même combat. Il tendit à l'un d'eux une pièce d'un shekel. L'homme la regarda au creux de sa paume crasseuse d'un air négligent. Il marmonnait, édenté et fripé. L'abbé crut à des remerciements. Yaëlle le détrompa :

— Si tu veux mon avis, il serait plutôt mécontent... Ton aumône, d'après lui, ne vaut pas une prière !

— Au diable l'avarice !...

Joignant le geste à la parole, il offrit un second shekel.

L'homme marmonnait toujours.

— En voudrait-il encore ?

— Non... Il dit maintenant qu'il ne veut pas prier pour toi. Il dit que tu dépenses sans compter et qu'à coup sûr tu mourras sans prières, car lorsque ton heure sera venue il ne te restera plus de quoi payer les saints hommes chargés de t'accompagner jusqu'à ta dernière demeure...

— Charmant !

— C'est plutôt à prendre comme un compliment. Les mendiants de Jérusalem ne disent jamais merci. Le dire équivaudrait à verser les intérêts de ta *mitsva* *...

L'abbé ne trouva rien à répondre. C'était tellement évident, les justes ne sont jamais déçus puisqu'ils sont toujours prêts à donner sans espoir de retour. Curieux pays que celui-ci, cependant, songea-t-il, où les mendiants sont assez fiers pour ne rien demander et ont la délicatesse de ne jamais remercier afin de ne pas faire injure au pauvre pécheur qui, dans un moment d'égarement, s'est laissé aller à un acte de générosité !

David, qui n'avait encore rien dit, s'approcha de l'abbé :

— Savez-vous à qui me fait penser ce « schnorer » professionnel ? A un ami russe qui prononçait souvent ces mots : *Cash di sobi*. Autrement dit : tout ce que tu fais, tu le fais pour toi. Lui non plus ne savait (ou plutôt ne voulait pas) dire merci.

— Finalement, répliqua l'abbé, que l'on soit israélien, russe, français, juif, chrétien ou musulman, le langage du cœur est le même pour tous...

David et Yaëlle jouaient à merveille leur rôle de guide, donnaient des détails, expliquaient l'origine

* B.A. en hébreu.

du Mur, fragment préservé des soubassements de la terrasse du temple qu'Hérode avait dressé sur le mont Moriah, où eut lieu le sacrifice d'Abraham. Les enfants s'accrochaient à la palissade, déconcertés par le manège de ces austères individus qui se frappaient la poitrine, se balançaient d'avant en arrière en psalmodiant des versets de la Bible.

Retentissaient les you-you, les cris de joie des communautés sépharades. Ensemble, plus de deux mille ans auparavant, ils s'étaient engagés : « L'année prochaine à Jérusalem ! »

Sans doute avaient-ils trouvé le temps long.

Sans parvenir à se l'expliquer, l'abbé était pris par la spiritualité qui sourdait de ces pierres, plus fort que les pleurs, la douleur. Il fit un rapide retour sur lui-même, il songea à ses parents, morts en déportation, à ses parents adoptifs qui l'avaient ouvert aux enseignements de l'Évangile, il se souvint de ces jeunes soldats qu'il avait vu mourir, ces combattants qui aux moments les plus terribles avaient tous souhaité rencontrer Dieu.

Son visage rayonnait, il était transfiguré par l'humilité qu'il donnait à sa prière. Naissaient en lui des espérances nouvelles, pareilles à une mer calmée. Il renonçait à son orgueil, à ses actions d'éclat, à sa crainte obsédante de ne jamais assez en faire. Il communiait dans la ferveur de la foi. « *La paix soit sur la Terre*, murmura-t-il, *pour tous les hommes, qu'ils soient ou non de bonne volonté...* »

Vœu pieux ? Et quand bien même !

Pour lui, il ne demandait rien, si ce n'est de demeurer le plus longtemps possible le témoin vigilant de la grande aventure humaine.

— *Would you please lend me a pen ?*

143

Il tressaillit. L'homme, un large sourire en bandoulière et le Nikon prêt au déclic, réclamait de quoi écrire.

L'abbé lui tendit son stylo à bille. L'homme griffonna quelques mots sur un papier qu'il plia en quatre avant d'aller le glisser entre deux blocs.

« *Peace in the world* », avait lu l'abbé par-dessus son épaule. Cela le rassura. Il n'était pas seul dans cette affaire !

Témoins de la scène, les enfants ne voulurent évidemment pas être en reste. C'était à qui imaginerait le souhait le plus délirant.

Ils avaient soif. On s'employa à les désaltérer. Ils mouraient de faim. Ces pâtisseries orientales qui vous collent aux doigts, ils s'en seraient gavés.

Tours et détours. Ils empruntèrent la rue des Juifs, puis celle du Souk de l'Huile, où un âne au ventre gonflé refusait d'avancer, entouré de jeunes Arabes qui faisaient hurler le klaxon à deux tons de leurs pétrolettes rouillées, et atteignirent la basilique du Saint-Sépulcre. Au bourdonnement de la ville succéda celui des chants et des prières qui nuit et jour résonnent sous la rotonde, selon les rites latin, grec, arménien ou copte. Dans le clair-obscur que perçait la lueur des cierges flottait un entêtant parfum d'encens et d'eau de rose.

La chapelle de l'Ange traversée, les enfants durent se résoudre à n'entrer que trois par trois dans l'étroite chambre sépulcrale, caressant d'une main timide la lourde pierre de marbre blanc où Jésus reposa avant la Résurrection.

Le soleil déclinait lorsqu'ils sortirent. Les commentaires allaient bon train. S'ouvraient des ruelles commerçantes. Les légumes s'amoncelaient. Les quartiers de viande pendaient. Les mouches pondaient. Ça sentait le charbon de bois, le pain, le crottin, le poisson, l'essence, le pneu brûlé. L'abbé traînait la jambe, bon dernier.

Gamal les attendait dans le minibus. Il fumait une cigarette. Lui non plus ne semblait pas davantage se soucier du fil chaotique des siècles que d'une figue sèche.

De retour au kibboutz, les enfants tinrent conseil. Les copains de Combejalade n'allaient-ils pas hausser les épaules, ces sinistres, lorsqu'ils iraient prétendre avoir vu de leurs yeux vu le tombeau du Christ et le mur des miracles, comme ils l'appelaient ; leur honneur et leur parole étaient en jeu ?

— On devrait en avoir un comme ça chez nous, fit Lucette. Pas aussi grand, évidemment ! Tenez, s'il n'était même que de la moitié, mais aussi efficace... Tout le pays viendrait y pleurer à son aise !

— Mais non ! rétorqua Jeannot Sabatier. Ce qu'il nous faudrait, à mon avis, c'est un mur pour rire... Ils pleurent bien assez, nos parents, ils sont toujours en train de se plaindre, les impôts par-ci, la sécheresse par-là, rien ne leur va... Croyez-moi, à Combejalade on aurait besoin d'un mur différent, un mur qui rendrait tout le monde heureux, on l'appellerait le mur du Bonheur...

— C'est vrai, approuva Pierrot, le rouquin, le « mur du Bonheur » c'est un joli nom, pour un mur ! Un modèle réduit, ça suffirait.

— Vous vous fourrez le doigt dans l'œil, observa Mansour, sévère. Leur mur, les juifs, ça fait plus de deux mille ans qu'ils lui demandaient de revenir à Jérusalem... Alors le nôtre, même si le maçon acceptait de le bâtir, bonjour le temps avant qu'il soit dans le coup, on sera tous au Paradis, et là-haut, faites-moi confiance, mur ou pas mur ça n'a plus aucune importance...

— Pas sûr, répliqua Lucette, qui aimait avoir le dernier mot. Notre curé, il n'est pas comme les autres. Il est juif et chrétien à la fois, alors vous pensez, les miracles ils arriveront sûrement à fond de train...

— T'as peut-être raison, admit Mansour. Dommage, remarquez, qu'en plus il ne soit pas un petit peu musulman, l'abbé... On aurait toutes les chances de notre côté !

Au dessert, dans le réfectoire qui déjà se vidait, l'abbé eut une longue conversation avec Rabbi Ishoua.

Sur le mode badin, le rabbin en vint à évoquer la naïveté des hommes et leur crédulité. N'en fallait-il pas, par exemple, pour se persuader qu'une femme puisse demeurer vierge après avoir enfanté ?

Bien que discret, le défi perçait.

— Si avoir foi en Marie comme en l'Éternel c'est être naïf, alors je suis naïf... rétorqua l'abbé sur le même ton léger. Marie est la paix entre Dieu et l'Homme, puisqu'elle la procure aux croyants en obtenant le pardon de leurs fautes. Et j'irai jusqu'à dire que c'est à Marie bien plus qu'à Ève qu'est dû le nom de mère des vivants...

Sans le vouloir, Rabbi Ishoua avait abordé l'un des domaines de prédilection de l'abbé.

— Vous paraissez beaucoup l'aimer...

— Le salut n'est pas tout, sourit l'abbé. Il importe de tendre, ici-bas, vers la perfection. C'est là que Dieu nous attend au tournant, non dans l'avenir, l'espoir d'une vie future, mais dans le présent... Marie nous montre le chemin. Nous ignorons l'étendue de sa générosité, de sa tendresse, de sa miséricorde... Ainsi saint Bernard, l'évoquant, y voit le symbole de l'Arche. De même que ceux qui y trouvèrent abri furent sauvés des eaux, de même quiconque se réfugiera dans les bras de Marie échappera au naufrage de ses péchés...

— Je ne puis partager votre avis, vous le comprendrez.

— Je le comprends.

— Pardonnez-moi, mais... je tentais simplement de vous expliquer tout à l'heure la forme très curieuse que prend cette fameuse « continuité des miracles », en Israël... et jusqu'ici, au kibboutz. Les hommes s'imaginent — sans doute à juste titre ! — que leurs femmes sont des saintes... Bénies soient-elles de nous supporter ! Mais les enfants, les avez-vous observés ? Puisque leurs mères sont considé-rées comme des saintes, le pas est vite franchi, et il y en a plus d'une pour traiter, dès la naissance, leurs garnements comme des petits dieux... Avouez que cela ferait un peu trop de miracles !

— En effet, approuva l'abbé. Une telle surabon-dance leur ôterait toute crédibilité !...

En bout de table, le menton dans les mains, Yaëlle le regardait. Quel curieux homme es-tu donc devenu, mon brave petit Abraham ? semblait-elle se demander.

11

Les jours suivants furent vécus au pas de charge.
L'abbé voulait tout voir. Il entraînait les enfants
dans son sillage.

Cette marche forcée les mena de la basilique de
l'Ascension au tombeau des Rois, du mont Sion à
l'université Hébraïque, de la Knesseth à la grande
menora de bronze* où figurent, gravées, les aventures d'Israël, défaites et renaissance.

La piscine Probatique excita la curiosité des
enfants, mais après avoir en vain cherché le plon-
geoir ils refusèrent d'accorder plus longtemps un
quelconque intérêt à cet amas de cailloux.

Sur ces ruines, Jeannot Sabatier boxa dans le vide,
en futur champion qu'il était, puis exécuta une
pirouette suivie d'un rétablissement magistral
devant une Lucette impassible, les joues gonflées de
caramels, qui n'entendait pas, mais vraiment pas se
laisser impressionner.

Ils s'attardaient aux terrasses des cafés, réunis-
saient d'autorité trois tables, manifestaient bruyam-
ment leurs désirs, éparpillaient leurs cartes postales,
choisissaient les plus belles, se les disputaient au
besoin, rédigeaient, l'œil intrépide, d'interminables
« on s'amuse bien » de trois lignes en se cachant du
voisin.

---

* Chandelier à sept branches, œuvre de B. Elka.

Au Zoo biblique s'imposait une halte prolongée. On y rencontre les animaux que sauva Noé. L'évocation du déluge rappela évidemment à l'abbé ses fossiles. Il se revit arpenter la garrigue, muni de son piolet. Que cherchait-il, lors de ces promenades, sinon à maintenir coûte que coûte le lien ténu qui le reliait encore à la maison de Villecroze, près de la cascade ? Il se situait là-bas, le véritable point de départ, chez ses parents adoptifs qui lui avaient insufflé une foi dont il n'était pas impossible qu'il portât en lui le germe.

Un instant, il s'effraya des maladresses possibles du plumeau d'Eponine.

L'atmosphère s'alourdit instantanément dès qu'ils franchirent le seuil du Yad Vashem, le musée de l'Holocauste.

Il y eut des grimaces forcées, quelques moues. Les enfants restaient muets, cloués sur place, comme fascinés par une horreur qui les dépassait, qu'ils ne concevaient pas, qui n'entrait pas dans leur monde.

Ils refusaient qu'elle y entre.

On n'entendait plus leur chahut, leurs rires, eux qui étaient nés dans un pays chaleureux où, à l'aube après que la première eut donné le signal, s'essayant tout d'abord à un crissement peu convaincu, se frottant les ailes comme un instrumentiste qui s'accorde, se déclenche le concert des cigales.

Ils n'en étaient pas à l'âge où le cœur se soulève où l'on s'indigne, où l'être entier proteste. Incrédulité. Malaise profond, insaisissable. Les preuves s'étalaient, accablantes, couleur de cendres froides. Qu'est-ce que cela signifiait ? Les enfants souhaitaient comprendre et l'abbé, de son côté, qui eût préféré considérer l'humanité par avance lavée de toutes ses fautes, ne comprenait toujours pas.

N'eût-il pas mieux valu leur éviter cette pénible

confrontation ? Ne prenaient-ils pas ainsi le risque que le choc, l'étincelle produite ne dégage tôt ou tard, dans leurs esprits encore fragiles, des émanations empoisonnées ?

Questions bien sûr sans réponse. Le mal était fait. Le mal ne datait pas d'hier.

Une demi-heure avait suffi pour que les enfants de Combejalade (Haute-Provence) découvrent le lourd héritage qu'ils auraient à porter.

Le soir même, Yaëlle et l'abbé mirent les enfants au lit puis sortirent prendre l'air, dans le jardin. Se dressaient autour d'eux, en ombres chinoises, les silhouettes élancées des cyprès.

Yaëlle lui avait beaucoup remonté le moral, à son retour d'Indochine. Elle avait quitté la France au début des années soixante, alors que déjà il tournait en rond à l'évêché.

Très vite, comme à son insu, Yaëlle amena la conversation sur Nice, ville du bonheur parfait, entre mer et montagnes, vaguelettes bleu pastel et sommets bleu lavande.

— Tu y es retourné ?

— Pas plus loin que l'aéroport.

— Tu te souviens des concours de *socca* ?

Il sourit, dans la pénombre :

— Oui ! Nous arrivions rassasiés à la maison, maman s'étonnait de notre manque d'appétit...

— Toi, tu les dévorais à pleines mains, comme un sauvage. Tu te léchais les doigts, exprès. Ça me dégoûtait. Il me fallait, quant à moi, serviette, assiette, couteau, fourchette, l'assortiment complet...

— Tu étais une fillette très raffinée.

— En cela au moins j'ai changé. Je me suis *simplifiée*. Oh, c'est vrai, il m'arrive encore d'avoir des moments de cafard... Quand souffle ce sacré *khamsin*, tiens, qui vous flanque les nerfs en pelote ! Mais le blé pousse si dru, ensuite, impossible de résister...

Le gravier crissait sous leurs pas, des moutons bêlaient quelque part, la lumière brillait dans l'atelier de mécanique où, par la porte ouverte, on voyait un homme en salopette occupé à sonder les entrailles d'un tracteur.

— Et la statistique des yeux au beurre noir, Ab... Jean-Pierre ? Le calcul nous prit des mois. Il en résulta que...

— Sur cent, soixante-trois étaient le droit et trente-sept le gauche...

Un jeu. Ils se tenaient par la mémoire comme d'autres cheminent main dans la main.

— Étions-nous vraiment allés jusqu'à cent ?

— J'en serais étonné ! Un clochard, dérangé, nous avait menacé de sa bouteille...

— Il la brandissait par le goulot, le vin coulait dans sa manche, mais il était trop saoul pour nous suivre... Il y a une image, aussi, qui me revient souvent, ce panneau en devanture de la poissonnerie, rue Pairolière. Était écrit, à la craie : *Sardines de la nuit.* Ça ressemblait au titre d'un livre mystérieux, magique. Tu me sidérais avec les histoires que tu inventais sur le sujet, ces sardines qui en bande remontaient de la mer, douées d'effroyables pouvoirs... Tu aimes toujours autant raconter des histoires ?

— Je fais des sermons, maintenant. Et surtout... j'écoute. Ils viennent se confesser. L'absolution est automatique, quels que soient les péchés. Mon rôle est d'être une oreille, non une voix. Une oreille attentive.

— Es-tu réellement en paix avec toi-même ?

— Je le suis.

— Dans votre film, tu ressemblais à un curé d'opérette...

— Ce sont les enfants qui ont insisté. La lessive

qu'emploie Eponine fait des ravages ! Je n'entre plus dans cette soutane qu'en craquant les coutures...

— Eponine ?

— Tu l'as vue, elle aussi. Son mauvais profil ! Cette adorable femme, je l'avoue, par moments m'exaspère, mais ce sera mon secret...

De l'obscurité montaient des odeurs d'étable. Le garage s'éteignit.

— Et le charmant vieux monsieur, tu te rappelles ?

— Ça !...

D'origine indéterminée — russe ? grecque ? italienne ? — le charmant vieux monsieur était un de leurs proches voisins, il était capable, selon l'humeur, les circonstances, d'imiter tous les accents de la terre. Pardessus râpé, canne à tête de chien, visage osseux, blanc comme un linge, petits yeux bleus noyés, véritables billes de verre sur un masque de plâtre. Nul ne sut jamais dans quels pitoyables trafics il trempait. Ils l'avaient plusieurs fois aperçu, quai Rauba-Capeu, échangeant de volumineux paquets avec d'inquiétants personnages qui descendaient de voiture sans couper le moteur puis repartaient aussitôt.

Les Lévy l'invitaient parfois à leur table car sa conversation était brillante même s'il était évident qu'il mentait. Très attaché à leur mère, il la couvrait de bouquets flétris qu'on lui cédait pour quatre sous à la fermeture du marché aux fleurs. Le repas achevé, il réclamait timidement des restes, pour son chat... chat qui par hasard, lorsqu'ils lui rendaient visite, était toujours de sortie.

« Sur les toits ! lançait-il. La lune ! Les rayons bénéfiques ! »

Il prétendait entendre chez lui de la musique, à un certain endroit de l'appartement, dans un coin précis. Il y avait installé son lit. Plusieurs fois il avait proposé aux deux enfants de venir écouter ces mélodies fantomatiques. Leurs oreilles restaient sourdes. Le silence. Les pulsations du sang. Ça se passait dans sa tête, mais seulement dans un coin précis de l'appartement...

À l'arrivée des Allemands, il s'était offert pour les héberger, chez lui, dans le recoin précis, car personne ainsi ne s'aviserait de les enlever *per forza, ils* deviendraient invisibles, enveloppés de musique. Il avait l'esprit de plus en plus dérangé, sa pauvreté désormais criante, la guerre ayant interrompu ses petits trafics.

— L'évêque de Marseille, tu refuseras de me croire, lui ressemblait... De loin. Au physique.

— Comment c'était, là-bas ?

— J'ai douté. J'étouffais.

— Je te reconnais bien là !

— À Combejalade, au début, je me suis senti entre deux chaises. Je n'allais quand même pas m'excuser d'être juif ! J'étais leur curé, pour le meilleur et pour le pire.

— Ils t'ont fait des misères ?

— Oui et non. Au début, c'est vrai, j'ai commis... une ou deux maladresses. Peut-être était-ce trop près de Villecroze. Le passé qui me remontait à la gorge. J'ai soudain eu l'impression qu'ils n'étaient pas morts...

— Oh, Jean-Pierre !

— Ni toi ni moi ne les avons vu mourir... À mes yeux, ils ont disparu non en Allemagne mais dans ce car. L'angle de la place, cet endroit précis semblable à celui où le charmant vieux monsieur entendait de la musique, je ne peux me débarrasser de l'idée qu'ils continuent à y vivre...

— Tu as néanmoins un peu renié leur foi ! Nos origines...

Jésus aussi s'est référé aux Ecritures et à la Loi.

— As-tu atteint ce que tu cherchais ?

— Je pourrais te retourner la question : et toi ?

— Nous ne vivons pas, ici, avec des pogroms dans la tête ! Le temps échu, je n'y pense plus, ce qui ne signifie pas que je l'ai oublié, bien au contraire... Il ne pèse pas sur mes actes, voilà tout. Le passé, est un scorpion, Jean-Pierre.

— Que veux-tu dire ?

— Il s'empoisonne de sa propre substance. Ce poison était censé le maintenir en vie. Ce poison le tue. J'ai foi en Israël...

Et la nuit continua.

Ils étaient au moins d'accord sur le fond. La terre natale n'est pas toujours celle où l'on est né, plutôt celle où l'on a choisi de renaître.

Au mont des Oliviers, les mômes, déçus, ne virent que des oliviers. Ils auraient préféré que Jésus soit là, en chair et en os, à discuter le coup au milieu des apôtres.

Dans le jardin de Gethsémani s'élevaient huit oliviers, très vieux et vénérés. L'église neuve leur fit forte impression. En avant du chœur émergeait la pierre blanche, la pierre de l'Agonie.

Les franciscains vendaient à la sortie des vignettes-souvenir ornées d'une image pieuse. A l'intérieur était collée une feuille d'olivier, une petite feuille de rien du tout.

Soupé, des oliviers ! On se serait cru à Combeja-lade !

Plus loin, vers Bethphagé, ils aperçurent la route de Jéricho, ses lacets, et la mer Morte, bleu-gris, sur le fond estompé des montagnes de Moab.

S'appuyant sur des lectures récentes, Lucette affirma, réglant la question, qu'y barbotaient comme des canards, tant l'eau était salée, des colonies entières de fers à repasser.

L'abbé hocha la tête. Lucette avait pris le pli. En Israël, aussi, tout le monde rêvait. Il suffisait de regarder autour de soi pour s'en persuader. Le soir il arrivait à l'abbé de croiser dans les allées du kibboutz de vieux juifs qui se rendaient à la synagogue afin d'y étudier le Talmud, en quête du secret d'une philosophie qui après tant d'années ne leur semblait pas tout à fait évidente.

L'abbé les admirait, d'une certaine façon. Ils croyaient en Dieu, mais là ne s'arrêtait pas leur démarche. Plus que les autres, ils souhaitaient mieux comprendre, approfondir le mystère de la divinité. De père en fils, depuis des millénaires, ils persévéraient dans cette voie, posant des questions à qui acceptait de répondre.

Pour l'abbé, le problème était résolu : leur seul tort était de s'en tenir à l'Ancien Testament, de négliger le Nouveau. Tout avait été écrit, mais il est probable que le peuple du Livre, pourtant expert en la matière, n'avait pas encore tout lu.

La nuit précédant leur départ — le lendemain ils allaient à Bethléem — Mansour fit cauchemar sur cauchemar.

Il se tournait, se retournait. Depuis le temps qu'on lui parlait de Noël, il perdait le nord, Mansour, la boussole et tout courage, il malmenait l'oreiller, y enfonçait sa petite tête bouclée et l'instant d'après frôlait l'asphyxie, des images épouvantables l'assaillaient, le châtiment, le pal, le plomb fondu, les tenailles rougies, les tortures raffinées, fini, Mansour, terminé.

Ce serait sûrement très réussi, il en convenait, mais un détail clochait, il n'oubliait pas qu'avant l'arrivée au village de l'abbé Lévy son père lui répétait du matin au soir qu'Allah était le plus grand.

Il se posait des questions, Mansour, et pas n'importe lesquelles, des à vous donner la chair de poule, et pis encore, les dieux, il le savait, sont jaloux les uns des autres et à les provoquer, on court au-devant des pires catastrophes.

Mansour, en son insomnie, craignait d'être surpris par Allah en flagrant délit de messe de minuit.

12

Le vingt-quatre décembre au matin, l'on partit pour Bethléem. Seul Gamal cette fois les accompagnait.

Longeant la vallée des Géants, ils firent halte près du puits de Bir el Kadismou, où les Rois mages abreuvèrent leurs chameaux d'une eau dormante qui reflétait l'étoile. Où Marie but, plus tard, sur la route de l'abri sous roche, en espoir d'enfant.

Une mêlée de fidèles, de camelots, de badauds en tout genre envahissait la place centrale de Bethléem, terme du voyage. Non sans difficulté, se frayant un passage à coups d'avertisseur (Gamal eût considéré comme une injure personnelle d'être contraint d'utiliser le frein ou de dévier ne serait-ce que d'un centimètre), le minibus s'y gara. Déjà, une jeune bédouine, vêtue de bleu, des tatouages bleus sur le visage, se précipitait entre les roues à la recherche du précieux bracelet en métal doré qui venait de glisser de son poignet.

C'était infernal. D'un œil serein, l'abbé contemplait l'imposant couvent-forteresse qui domine la ville, les maisons blanches, les jardins en terrasses.

Sur ces deux collines, David menait paître les troupeaux, toujours armé de sa fronde il les défendait contre les attaques des fauves.

La foule menaçait d'absorber les gamins. Ils la fendirent et parvinrent, jouant des coudes, broyés par cette masse farouchement déterminée à les réduire en une poudre que dispersait sans tarder le vent du désert, jusqu'au marché en plein air.

C'était pire.

Le choc avait abasourdi Mansour. Les mauvais pressentiments se précisaient. Cette cohue, ces arracheurs de dents, ces hommes à mine patibulaire qui portaient des outres en peau de chèvre ne lui disaient rien de bon. De moins en moins rassuré, il se sentait plonger, pieds et poings liés, dans la mémoire de son père.

Le flux les entraîna vers des ruelles où conserver son sang-froid eût relevé du défi impossible. Tout ici était fait pour accrocher le client, bijoux, figurines en bois d'olivier, crucifix d'os blanc travaillé comme de l'ivoire, ornés de nacre et de perles.

Aujourd'hui ou jamais. Les gamins cassaient leur tirelire. L'abbé donnait d'énergiques coups de sifflet, semonçait les retardataires.

Ils étaient, vers midi, attendus au couvent des franciscains. L'ordre mendiant des débuts avait sensiblement amélioré ses conditions d'existence. Spacieuse, inondée de lumière, la salle à manger donnait sur des jardins où se haussaient du col, quiets et noueux, de splendides arbres d'âge évidemment canonique.

Leur fut montrée la crypte des Saints Innocents. Herode et sa colère, le massacre. Dans la Grotte du Lait, la légende veut que Marie, allaitant son enfant, ait laissé tomber de son sein quelques gouttes avant de fuir en Egypte. De fait, son tuf concassé et délayé passait au Moyen Age pour posséder des vertus miraculeuses...

Le moindre pan de mur racontait une histoire. Quatre rangées de colonnes en marbre du pays, jaune veiné de rouge, délimitent cinq nefs à l'intérieur de l'église Sainte-Catherine. Les boules multicolores, les œufs d'autruche suspendus aux lustres, dans le chœur, mirent en joie les enfants. L'abbé n'osait sortir son sifflet.

Un escalier dont les premières marches s'arrondissaient en demi-cercle donnait accès à la Grotte de la Nativité. Les parois disparaissaient sous les draperies colorées, et une rigide tenture d'amiante. L'air était chargé d'une douceâtre odeur de cire et de fumée, une étoile d'argent désignait le lieu exact de la naissance du Sauveur. Après celui de l'agonie, ils avaient maintenant fait le tour complet, à rebours.

Ils s'immobilisèrent, bouche bée.

Vint la nuit, vint l'heure. Pour l'abbé, une apothéose. La basilique fut bientôt pleine à craquer. Les cloches sonnèrent à toute volée.

L'abbé prenait du champ. Il se laissait bercer. Il apprécia le sermon en connaisseur. Avoir la foi n'est jamais manquer d'esprit critique, ni même de candeur. Il n'était pas de ceux qui pensent qu'épouser les problèmes de son temps c'est s'exposer à de vaines et odieuses querelles de ménage. Paix aux oubliés de la Terre, paix aux déshérités, paix au Moyen-Orient, paix en Asie, paix en Afrique, paix en Amérique latine et partout ailleurs, paix sur cette planète vert et bleu, minuscule au fond, alors, si on l'imagine de la taille, par exemple, de Jupiter, quel charivari ce serait !...

Non loin, Mansour se recueillait, à sa manière. On a ses secrets, c'est permis, personne ne pouvait l'entendre hormis l'intéressé, aussi venait-il d'adresser à Allah, en catimini, une courte prière.

Il avait de sacrés soucis, Mansour, des regrets gros comme ça.

Cette tortue, aperçue à l'étal d'une boutique, il la voulait. Bon. Une petite tortue en nacre, superbe, incrustée de pierres du désert.

Aperçue ? Dévorée des yeux, oui ! Gobée toute crue par les orbites !

Mais il ne suffit pas de vouloir. Encore eût-il fallu disposer de la somme nécessaire. Quelques shekels lui manquaient. Une misère.

Il n'y comprenait rien aux shekels, Mansour. Nom d'un chien, il s'était peut-être trompé dans ses calculs ! Il n'avait même pas essayé de marchander ! Le bonhomme aurait, si ça se trouve, baissé son prix...

Disons de moitié : une aubaine !

Il s'était dégonflé, voilà. Il n'avait rien tenté. *Rien*. Une petite tortue vraiment superbe. Une pièce de collection. Il la voyait, dans sa chambre. C'était bien simple, il ne voyait qu'elle. On la bougeait et elle changeait de couleur.

Il en aurait pleuré. C'était bien de lui, une telle lâcheté. L'instituteur, d'ailleurs, prenait toujours un malin plaisir à écrire sur son carnet : « Élève doué, mais peut mieux faire... »

Roulaient dans sa tête toutes les combinaisons possibles. Sa détermination grandissait. En moins de deux, il se décida. Au milieu de cette foule, tous les regards dirigés vers l'autel, prières au bec, ni l'abbé ni les copains ne s'apercevraient de son absence.

Mansour se glissa entre les bancs. Il retenait son souffle, il ne faisait pas plus de bruit qu'une musaraigne.

La progression s'annonçait difficile. Il perdait du temps. Il désespérait d'atteindre la sortie. On les aurait cru collés, ces gens, ils bloquaient le passage, il y en avait partout, assis, debout, dingue, un vrai souk cette église.

Il se décourageait. Il avisa enfin une trouée, minuscule, de la largeur d'un terrier de renard. Il serra les dents et s'élança, tête baissée. C'était compact, c'était mou, c'était vivant, parfois ça consentait à se déplacer.

Pas souvent.

Quelques mètres encore. Une distance incroyable.

Une distance impossible à déterminer, puisqu'il navigue dans le brouillard.

Brusquement, un bloc de chair s'interpose. Enorme. On dirait une femme, dans le genre monstre. Rien que pour la chatouiller sous le menton, cette dondon, il faudrait bâtir un échafaudage, des jours et des jours de travail en perspective.

Elle est là, les yeux clos, les mains jointes, bouffie, titanesque, citadelle de chair contre laquelle Mansour ne peut faire autrement que de donner l'assaut. Une fleur rouge est épinglée à son corsage. Pas une fleur : un bouquet, une gerbe entière, démesurée, qui recouvrirait (à l'aise) Combejalade, des collines jusqu'à la vallée.

Il n'a pas le choix. Il tente l'aventure, et cogne. Aucune réaction. Plus il frappe, se démène, plus elle semble gonfler, elle va éclater, c'est sûr. Son embonpoint tient du prodige, on distingue très mal son visage, là-haut, ses cheveux gros comme des cordages frôlent les chapiteaux corinthiens au sommet des piliers. Toute à sa dévotion, elle oppose aux efforts répétés de Mansour une placidité colossale, insurmontable, véritable défense passive calamiteuse et déprimante.

Il s'acharne. Elle ne bouge pas d'un pouce. Jamais, à moins d'un miracle, elle ne redescendra sur terre, ne retrouvera des proportions raisonnables. Avec une belle énergie Mansour sollicite ce miracle, mais il sent ses forces faiblir.

Une bedaine informe se plaque contre sa bouche. Il suffoque. Une fétide odeur de transpiration lui empuantit les narines, à mi-chemin entre la vase croupie des arrière-ports et la décharge publique.

Mansour change de tactique. Il mord. La chose marmonne toujours, indifférente, perdue dans ses prières. Il ne comprend plus. Pareille erreur de la nature. C'est au diable en personne qu'elle doit tirer la langue, celle-là, quand elle engouffre l'hostie, en réclamant encore !

Enfin, le monstre frémit. Oh, un frisson, une infime vaguelette en surface de l'outre. L'espoir renaît. Mansour continue à livrer bataille, il tailladera si nécessaire. De la viande, elle en a tellement à sa disposition qu'elle ne s'en apercevra même pas.

Quelque chose la gêne. *Une puce, peut-être ?* La main gauche bouge, lentement. Elle a de la route à faire, un voyage épuisant, semé d'embûches, elle n'est pas près d'en voir le bout, des kilomètres et des kilomètres de protubérance à contourner, à éviter, au risque de s'y perdre.

Une belle main toute rose, toute dodue, qui ressemble à du foie gras malgré les quarante-cinq bagues qui ornent chaque doigt.

A tâtons, elle s'efforce de repérer la source du tracas. Mansour s'énerve. Il plante à nouveau ses dents. Il ne pénètre pas la peau. C'est trop épais. Une drôle de consistance élastique.

La chose soupire, puis se déplace, vaguement, comme en songe.

La voie est libre. Une ouverture étroite mais suffisante s'est dessinée. Mansour s'y engouffre. Il dépasse l'entrée Marthex, atteint le hall, continue sans se retourner.

Ouf. Il s'éloigne. Il est en nage, mais respire l'air de la liberté. Pour un peu il aurait chanté *La Marseillaise.* Ce soir de gloire était le sien.

Les coudes collés au corps, Mansour fonçait. Il était Arabe. Il était chrétien. Il ne savait plus. Il en avait assez. Il volait.

A distance respectable, il s'arrêta et reprit son souffle. Il leva les yeux, interloqué. La ville, illuminée, évoquait un gigantesque arbre de Noël, un palais de féerie. La lune, ronde comme un ballon, enveloppait les façades blanches des maisons d'une lueur phosphorescente.

Il cherchait des points de repère. Il se retrouva dans le vieux Bethléem. Des touristes déambulaient, rares, parlant fort. Son moral baissait. Il les avait à zéro, Mansour, et en plus plein le dos.

Il en vint à douter de son sens de l'orientation. Comment dénicher la boutique, dans ce labyrinthe ?

Le froid devenait mordant. Il agita ses bras, fit quelques mouvements, sans parvenir à se réchauffer.

Il y avait des ruelles sinistres, sans queue ni tête, des embranchements douteux, des culs-de-sac innombrables. Il se fourvoyait. Il tournait les talons, vite. Des bethléemites passèrent, drapées dans des châles de soie. Leurs ombres se projetèrent sur un mur, et grandirent. Longtemps. Trop longtemps.

Il s'affolait.

Il traversa enfin la place du marché. Il reconnaissait l'endroit. Une impasse l'attirait. La seule, l'unique. Il l'emprunta.

Le bazar était, malgré l'heure tardive, encore ouvert. Mansour ne s'était pas trompé. La tortue trônait au beau milieu d'une table en bois d'ébène. Elle brillait, étincelait de toutes ses écailles rehaussées des feux de mille et une pierres précieuses. Il ne parvenait plus à en détacher son regard.

Il entra, sans chercher à savoir s'il y avait quelqu'un dans l'échoppe, s'approcha de l'objet de sa convoitise. Aucun doute, la tortue était ensorcelée, magique. Enfin, il pouvait la toucher. Il la serra très fort, suprême volupté. Plus rien ni personne ne pouvait l'empêcher d'être à lui.

On se passerait de marchandage.

Sur le pas de la porte il sentit une main le retenir. Il perdit la tête et entreprit de foncer.

Peine perdue.

L'Arabe souriait. L'obscurité grignotait son visage. Il repoussait Mansour à l'intérieur et lui fit faire en sens inverse le chemin parcouru.

Une faible lampe à huile éclairait l'arrière-boutique. D'un geste las, l'homme au keffieh lui intima de s'asseoir. Les oreilles en feu, Mansour obtempéra.

La tortue glissa de son blouson. Il n'eut pas le courage de la ramasser. Il s'en désintéressait. Elle avait d'un seul coup d'un seul perdu toutes ses vertus.

L'homme partit d'un immense éclat de rire, dévoilant deux rangées de dents en or. Mansour était terrorisé. Ces djinns qu'évoquait parfois son père, ces marabouts, ces sorciers...

Il se souvenait des nuits tièdes de Combejalade, quand les cigales avaient cessé de chanter. Alors une forme étrange se détachait des marronniers. Elle s'abreuvait à la fontaine avant de commettre ses méfaits.

José Figuerette ! Il était là, devant lui, en personne. Mansour transpirait à grosses gouttes. Je suis foutu. Il va m'arracher les yeux. Me découper en rondelles. Il va me bouffer.

Le rire de l'homme s'éteignit. Son expression se figea. L'or qui étincelait dans sa bouche disparut.

Mansour ravala sa salive. Il respirait difficilement et son haleine sifflait. Là-bas, en Algérie, on coupait la main des voleurs, lui avait affirmé Saïd.

Mansour, des mains, il n'en avait que deux, alors il y tenait, faut comprendre.

Il bredouilla quelques mots. En français, ça lui parut préférable. Il n'était qu'un gamin perdu et en voyage. Un gamin de Combejalade (Haute-Provence), pas loin de la Méditerranée, dans les montagnes, vous prenez la nationale et à un moment donné vous tournez à gauche, il y a un panneau sous un olivier, vous ne pouvez pas vous tromper, vous serez bien accueilli, vous verrez.

L'homme comprendrait. Son commerce le mettait

en contact journalier avec les touristes. Il devait baragouiner à peu près toutes les langues. Cette tortue, ce n'était qu'un emprunt de courte durée, juste la regarder de près, quoi, y'a pas de mal...

Sans s'émouvoir, Abdullah réfléchissait. C'était sa spécialité. Il était réputé pour ça, dans le quartier, en dehors de talents moins considérés. Une aubaine, ce gosse. Il tombait vraiment à pic.

Abdullah nourrissait depuis longtemps des ambitions secrètes. Il rêvait d'être respecté. Il appartenait à un groupe — un groupuscule, soyons honnête — que ne prenaient guère au sérieux les chefs de la résistance.

Qu'on leur donne une chance, qu'on les laisse faire leurs preuves !

Le destin, ce soir, tournait en leur faveur. La France, alliée des impérialistes israéliens et américains, détenait dans ses prisons deux patriotes palestiniens. Ils tenaient enfin une monnaie d'échange. Il n'en faudrait pas plus pour mettre le feu aux poudres. Abdullah imaginait déjà les gros titres des journaux, les éditoriaux sur trois colonnes. Qu'importent les moyens, il y a le jugement de l'Histoire, et lui seul compte. On allait voir de quoi il était capable, lui qu'Allah venait de désigner en lui apportant sur un plateau ce petit Français chapardeur.

Il se frottait les mains. Il changea de position et amorça le rituel.

— Sale type ! hurla Mansour, au bord des larmes. Laissez-moi !

Vraiment, cet enfant étonnait Abdullah. Rien ne justifiait de sa part une telle ingratitude puisque, à travers lui, Allah avait manifesté Sa volonté.

Mansour ne bougeait plus. Il se demanda s'il vendrait chèrement sa peau. Il n'en connaissait même pas le prix. Combien de shekels ? Autant renoncer. Il avait envie de dormir. L'homme le fixait de ses yeux écarquillés.

Ses bras, ses jambes, sa langue, s'engourdissaient.

L'homme parla. De brillant, d'insupportable, son regard se changeait en un trou profond, un abîme qui irrésistiblement attirait Mansour.

Il eut un dernier sursaut, très bref. Il secoua la tête. Il appela Saïd. Il appela Mado, blonde comme les blés.

Le sol se dérobait sous ses pieds. Cette histoire l'ennuyait à mourir. Il n'était pas de taille. Qu'est-ce qu'on lui voulait ? Il venait de Combejalade. Tout petit, il habitait les faubourgs de Marseille. Encore plus petit, dans le ventre de sa mère, il avait traversé la Méditerranée sur un bateau noir de monde.

Mansour s'écroula soudain comme une masse sur le tapis moelleux, endormi pour le compte.

13

Où était passé Mansour ?

La messe s'acheva sur de bonnes paroles, douces à l'oreille, douces au cœur, réaffirmation têtue de la foi en un Dieu de justice et de paix.

Qu'au feu de l'Esprit renaisse un monde qui meurt...

L'abbé ignorait, se relevant de sa génuflexion, signe de croix à mi-parcours, qu'il paierait très cher la félicité des derniers jours. Il était aussi loin du tragique qu'on peut l'être.

Mansour était en danger. L'abbé allait bientôt l'apprendre. Fini de rêver.

En rangs serrés, la petite troupe regagna le minibus. Alors que Gamal se préparait à tourner la clef de contact, Lucette alerta l'abbé.

Ce siège vide.

On attendit. Mansour ne se montrait pas. La place centrale se vidait.

La lune, la nuit transparente, deux ou trois chiens errants.

N'y tenant plus, l'abbé sauta du véhicule, respira un grand coup et refit tout le trajet. Probablement le gamin s'était-il perdu, pris dans la foule, à moins qu'il n'ait mis au point quelque douteux tour pendable...

Non. Pas à cette heure. Pas Mansour.

Faveur exceptionnelle, les franciscains lui donnèrent accès à la basilique. Elle fut passée au peigne fin. Dans la Grotte de la Nativité — les enfants affectionnent ces refuges hors du commun où règne le mystère — sous l'étoile d'argent le nouveau-né souriait.

Aucune trace de Mansour.

Rongé d'inquiétude, l'abbé décida de s'en remettre sur-le-champ à la police. Le commissaire qui le reçut était un homme placide, aux yeux noirs, aux cils très longs, et qui parlait du nez.

Rien ne l'étonnait plus. Il en avait vu d'autres, depuis le ghetto de Varsovie, rescapé, il avait déjà connu un trop-plein de souffrance. Les malheurs de ses contemporains, c'était son job, il auditionnait.

« Tendance très nette à exagérer », tel était généralement le diagnostic de cet homme blindé. « Ils ne se rendent pas compte de leur bonheur, ils ne se rendent même pas compte qu'ils *vivent*, ça devrait pourtant leur suffire, il y a des cadeaux du ciel qui ne se refusent pas... »

A tous, pour se préserver, il offrait l'aspect d'un mur, et à longueur de journée résonnait dans son bureau le concert des lamentations.

L'homme, soit dit en passant, avait un faible pour la carpe farcie. Nos péchés mignons nous consolent de bien des choses.

Très calme, malgré la chaise métallique un peu dure, basse de surcroît, qui vous plaçait d'office dans une position extrêmement malcommode, l'abbé exposa la situation.

— La soirée de Noël, à Bethléem, est toujours éprouvante ! fit l'homme aux cils très longs (il portait un costume grège d'une rare élégance pour un fonctionnaire de sa catégorie). Vols de voiture, d'argent, de papiers ! Votre fugueur...

— Rien ne prouve qu'il le soit.

— Rien ne prouve qu'il ne le soit pas. Il aura voulu visiter la ville...

— A minuit ? Soyons sérieux !

— Son âge ?

— Douze ans.

— Nationalité ?

— Française...

— Bien. Vous serez gentil de me donner son signalement.

— Ne pourriez-vous pas... organiser une patrouille ? Il s'est peut-être égaré.

— Quoi ? Il vient à peine de vous fausser compagnie et vous voudriez que je ratisse la ville ? Je regrette, c'est impossible. Nous manquons d'effectifs. Regagnez le kibboutz. Demain, nous aviserons.

— Demain ? Mais où va-t-il passer la nuit ?

— Je vous le demande.

— Il ne connaît personne, ici.

— Remplissez ce formulaire, je vous prie. En attendant, je vais, si vous le permettez, donner quelques coups de fil. A tout hasard, n'est-ce pas ?

Au kibboutz, Yaëlle s'efforça de le rassurer :

— Tu sais comment sont les gamins ! Leur mentalité d'explorateurs... Quelqu'un l'a peut-être recueilli.

— Quelqu'un ?

— Ça va s'arranger, ne t'inquiète pas.

— Hum !

Il grimaça. Il imaginait le pire. Un accident. Il se souvenait de la panne d'essence, quelques kilomètres avant Combejalade. Dans ces cas-là, il trouvait toujours un bidon au fond du coffre arrière, remède aux bizarreries de son esprit fantasque.

Mais cette fois ? Ce concours n'était-il pas la cause de tout ?

Le lendemain, très tôt, il débola en coup de vent au commissariat. « Rien de neuf », lança l'homme impassible, qui achevait son service, buvait debout un gobelet de café et avait jadis vu ses proches parents fauchés par une rafale.

— C'est impossible qu'il ait disparu ! protesta l'abbé. Il est certainement quelque part !

— Ce n'est pas exclu, observa l'homme avec un sens aigu de la repartie.

— Je vous ai apporté une photographie.

— Nous avançons à grands pas. Montrez.

L'abbé tendit une médiocre Photomaton de cinq centimètres sur quatre.

— Français, vous dites.

— D'origine algérienne.

— Ah !

— Que comptez-vous faire ?

— Agir.

— N'auriez-vous pas une... une petite idée ?

— Aucune. Ça égare, vous savez, les idées. C'est néfaste. C'est même contraire à notre code de déontologie, serais-je tenté d'ajouter...

En milieu de matinée, un coup de fil parvint au siège de l'agence *France-Presse*. L'abbé n'en crut pas ses oreilles. Un groupe terroriste d'obédience indéterminée, inconnu aux fichiers, revendiquait l'enlèvement de Mansour en des termes d'un laconisme funeste, et réclamait en échange ni plus ni moins que la libération immédiate de deux des leurs incarcérés en France.

La nouvelle tomba comme un couperet sur les téléscripteurs.

C'est ça, la vie, c'est l'horreur après la longue ligne droite fleurie, le coup dur qui vous tombe dessus pour la simple raison, dirait-on, que vous ne vous y attendiez pas.

L'abbé connut des heures noires. Le fanatisme le déconcertait. Il y pensait comme à une fenêtre grande ouverte sur du vide, un vide absolu, bestial une négation du genre humain et de ses aspirations les plus fondamentales.

Il ignorait que ce vide avait, sous forme d'un regard, englouti Mansour.

Il émettait les suppositions les plus folles. Mansour séquestré dans un gourbi sans lumière. Mansour en larmes confronté à des individus prêts à tout.

Il flancha. Il portait l'entière responsabilité de cette catastrophe. Il revoyait Mado dans le jardin, ses rires, les plants de fraisiers qu'elle écrasait, Saïd et sa demande en mariage, Eponine qui, mise au courant, inondait par mégarde de jus de cuisson la cuisse de poulet rôti qu'elle venait, deux secondes auparavant, avec des précautions d'officiante, de déposer dans son assiette...

Puis la double conversion, et aujourd'hui, à des milliers de kilomètres de là, Mansour retenu en otage.

Il réagit — en douceur. Le jour suivant, comme prévu, il accompagnerait les enfants à Tel-Aviv. Ils partiraient seuls. Le Boeing prendrait de la hauteur, deviendrait un point minuscule dans le ciel, comme une croix d'acier suivie de traînées blanches qui, se boursouflant, se dissipant, finiraient par se confondre avec les nuages.

Il téléphona à Maroujal. En France, les flashes spéciaux d'information se régalaient déjà de l'événement.

Le maire lui fit part de l'inquiétude de Saïd et Mado. Saïd parlait de les rejoindre, mais ils n'avaient pas de quoi, eux, s'offrir le voyage...

— Votre promenade de santé tourne mal, l'abbé ! Très mal ! Question publicité, vous repasserez !

La ligne grésillait.

— Tenez-moi au courant, conclut Maroujal d'un ton sec, et il raccrocha.

Visages maussades des mômes, à l'aéroport, muets, trop sages, Mansour les avait à l'œil, on ne voyait que lui, son portrait s'étalait à la Une de tous les journaux ; un cliché sur lequel il peinait à garder son sérieux, Mansour, à croire qu'il allait exploser, pouffer, se tordre. C'était la première fois qu'on prenait de sa bouille de petit Arabe heureux une photo d'identité.

Ils abandonnèrent à regret leur cicérone. Il les accompagna du regard, mais ne les suivit pas. Il s'installa près de Gamal, sans desserrer les dents. Gamal fumait d'horribles choses qui, à trente pas, auraient pu passer pour des cigarettes, et empestaient. Il fonçait, pied au plancher, entre les carcasses de blindés.

On était vendredi. Huit heures et demie du matin.

Devant le kibboutz l'attendaient Yaëlle et Rabbi Ishoua. Elle portait un polo bleu clair. Ses cheveux, noués en chignon, conféraient à son cou une noblesse altière que son port de tête droit, presque guindé, confirmait.

L'abbé remarqua ces détails. Il les remarqua très précisément.

Rabbi Ishoua avait son opinion sur les suites qu'il convenait de donner à cette triste affaire. Ils rentrèrent, et jusque dans le réfectoire le soleil sembla les suivre tant étaient nombreuses les fenêtres qui perçaient la façade du bâtiment.

L'unique moyen de préserver la vie de Mansour, affirma le rabbin, était de s'assurer la complicité d'un imam.

— Ils disposent, de par leur sacerdoce, d'une foule d'informations précieuses ! Informations qui, n'en doutez pas, seraient de nature à nous faciliter la tâche... J'ai entretenu, du temps où j'étais aumônier, d'excellents rapports avec l'un d'eux. Un homme sage. Avisé. Il nous écoutera.

— C'est une chance à courir, approuva Yaëlle.

172

— Je suis disposé à servir d'intermédiaire entre les ravisseurs et les autorités, fit l'abbé, avant de raconter en quelles circonstances Mansour et son père s'étaient convertis au christianisme.

Une lueur indéfinissable brilla dans les yeux du rabbin :

— Inutile de compliquer les choses !... Ces gens (il répugnait à employer le mot *terroristes)* se sont, restons-en là, trompés de cible ! En aucun cas, l'imam ne devra être informé du baptême de cet enfant. Chrétien, il est en danger. Musulman, l'erreur devient flagrante ! Mais méfions-nous... Ces gens sont des passionnés. Des passionnés aux abois, qui plus est...

— Honte à eux, fit l'abbé.

— Je vous l'accorde. Mon plan vaut ce qu'il vaut. Je ne vous en garantis pas l'efficacité. Leur visage ? Leurs méthodes ? Leur réelle appartenance ? Mystère... Font-ils partie du clan des durs, ou, au contraire, s'agit-il d'une bande d'égarés qui ne cherchent qu'à se mettre en valeur ? Nous manœuvrons donc en douceur... Ce groupe est certes inconnu au bataillon. Il risque de frapper d'autant plus fort. Plus on est petit, plus on trépigne, plus on occasionne de dégâts. Leur susceptibilité est en jeu. Quoi de pire pour un homme que d'admettre qu'il s'est trompé ?

— Etes-vous certain de ce que vous avancez ?

— Une démarche ne coûte rien et peut nous rapporter beaucoup...

L'abbé le remercia de tout cœur. Yaëlle s'installa au volant d'une vieille Ford décapotable dont le piteux état de la carrosserie prouvait une longue carrière.

Les portes claquèrent. Celle de l'abbé coinçait. On démarra.

Tu constateras que les hommes les plus hostiles aux croyants sont les juifs...

Ce passage du Coran torturait l'abbé. Saïd l'avait cité, en toute innocence (?), au cours d'une leçon de catéchisme.

Quel accueil l'imam allait-il leur réserver ? Il était certes, comme le rabbin, comme lui-même, un homme de Dieu, descendant d'Abraham...

Si les négociations n'aboutissaient pas en temps voulu, que se produirait-il ?

Il s'assombrit. Il s'enfonçait dans la nuit. Il imaginait le pire. Le cadavre qu'on retrouverait, ou qu'on ne retrouverait pas. Cette sérénité qu'affichent parfois les visages d'enfant que la mort a touché, sérénité non dénuée de malice, comme s'il ne s'agissait que d'un bon tour, un étrange jeu de cache-cache...

Mais qui était-il, pour s'arroger ainsi le droit de désespérer de la Providence ?

L'abbé s'ouvrit de ses tourments au rabbin, cita Saïd.

— Vous vous rongez en vain, sourit Rabbi Ishoua. Vous serez à mes côtés... un atout ! Il est également écrit dans le Coran, sachez-le, que les hommes les plus proches des croyants sont ceux qui disent : « Oui, nous sommes chrétiens », car on trouve parmi eux des prêtres et des moines qui ne s'enflent pas d'orgueil...

Tout cela devenait très littéraire, et de l'avis de l'abbé, la Ford était un veau, ils perdaient un temps précieux.

— J'ai confiance en cet imam, poursuivit Rabbi Ishoua. Bien sûr, il est palestinien. Bien sûr, il est patriote. Nos points de vue resteront donc, j'en ai peur, longtemps inconciliables ! Tenez, puisque vous m'y faites penser... Il serait stupide de nous attirer des ennuis inutiles...

Le sang-froid du rabbin impressionnait l'abbé, une maîtrise de soi qui, en d'autres circonstances, aurait aisément pu passer pour de la désinvolture.

— Vous vous prénommez Jean-Pierre, n'est-ce pas ?

— En effet.

— J'aurais une faveur à vous demander...

Ainsi l'imam ne recevra pas de nous le bâton qui pourrait nous frapper ! Pardonnez-moi, mais j'ai le sentiment qu'il serait préférable de taire votre nom de famille. *Lévy*, ce serait, dès l'abord, du plus mauvais effet ! L'abbé Jean-Pierre, cela vous convient ?

Il opina. N'importe quelle confession du moment que se réalise, le temps d'une entrevue, l'union sacrée.

Des rangées de chaussures, d'espadrilles, de sandales à semelle de pneu s'alignaient près de l'entrée de la mosquée.

Il s'éveilla pâteux. Quinze tonnes de plomb sur la langue, une espèce de voile gris, moche, sale, devant les yeux.

— José Figuerette ! brailla Mansour. Il va me bouffer !

Il se redressa, trempé de sueur. Il était seul. Il n'avait pas crié. Il reprenait lentement conscience. Il ne reconnaissait pas sa chambre. Il se souvenait, avec Mado ils étaient allés à Draguignan choisir les papiers peints, et le retour en pleine nuit, à fond les manettes, cent vingt dans les virages, garez-vous les traînards, elle doublait tout le monde, pauvre lapin, heurté de plein fouet, ils l'avaient mangé en civet, façon Mado, sans farine, sans lard, sans oignons, nature autrement dit mais c'était bon quand même.

Il se tâta le crâne. La mémoire lui revenait à petits jets. Ces gros yeux immenses où il se perdait et la flamme menue de la lampe à huile juste derrière. Ah oui, la tortue. Et le monstre. Il lui sembla qu'un fade goût de sang persistait sur son palais. Il clappa de la langue. Il avait dû rêver.

Il se tâta, il ne lui manquait aucun membre. Cela suffisait pour le moment à son bonheur.

Il examina froidement les lieux. Une table basse, ronde, un lit étroit sur lequel il était allongé, des murs chaulés, une ouverture en forme de losange par où entrait le soleil.

On parlait à côté. Il se leva, le jarret ferme, il ne craignait personne, il était Kid Carson, et s'approcha de la porte.

Le trou de la serrure n'offrait qu'un champ de vision très limité. Ils étaient trois. Ou quatre. Ils avaient une sale gueule. Il avait chu dans un repaire de gangsters en keffieh !

Ils chuchotaient. L'arabe du pays différait sensiblement de celui qu'employait Saïd. Mansour redoubla d'attention. Des mots lui échappaient.

Il ne tarda cependant pas à comprendre que s'il assistait vraiment à la projection d'un western, comme il s'était plu à le croire, il avait tout intérêt à quitter la salle dare-dare sans réclamer son reste ni même l'esquimau que depuis un moment l'ouvreuse lui brandissait sous le nez.

D'un coup, Mansour dégringola de son cinéma et eut envie de pleurer.

— On a réfléchi, Abdullah... On était tous d'accord, quand tu nous a prévenus, l'autre nuit... Mais crois-tu qu'un simple communiqué suffise ? Il leur faut des preuves ! De vraies preuves ! Sanglantes ! Rien ne dit, sinon, qu'ils accepteront nos conditions...

— Je sais, ce n'est pas la patience qui t'étouffe, Kelfam. Allah nous a remis cet enfant. C'est dire s'il défend notre cause ! Il est jeune, innocent comme un agneau, ils en tiendront compte, ils ne peuvent le sacrifier, ils libéreront ton frère. Sa vie est entre leurs mains ! Dès ce soir, nous enverrons un ultimatum. Si dans les deux jours nous n'obtenons pas satisfaction...

— Non : un !

— Tu es un emporté, Kelfam, partisan de la

manière forte. Cela ne t'a-t-il pas, ainsi qu'à ton frère, rapporté autre chose que des malheurs, jusqu'ici ? Ils céderont. Je suis sûr qu'ils céderont. Pas de bombe, pas d'effusion de sang.

— Tu te paies de mots, Abdullah ! Il ne suffit pas, pour obtenir gain de cause, de claquer des doigts comme on hèle une servante ! Il faut tuer. Ainsi, nous serons écoutés. Une vie, ce n'est rien. Nous recommencerons...

Jamais Mansour n'avait révisé aussi vite son vocabulaire. Il était pris au piège. Aucune issue. Ses jambes flageolaient. La scène lui semblait de moins en moins irréelle.

— Non, Kelfam, tes manières sont brutales et ne me conviennent pas. Misons sur cet enfant.

— Parles ! Quels sont tes projets ?

— Une photo. Avec un journal, derrière lui, daté d'aujourd'hui. Ils constateront que nous n'avons pas touché un seul de ses cheveux...

— Pas encore ! ricana Kelfam.

— ... et qu'il est en parfaite santé. Le gouvernement français ne voudra pas courir le risque d'être impopulaire...

— Tu es un naïf, Abdullah ! Un marchand trop naïf, malgré tes grands airs ! Ça te perdra ! Ce n'est pas comme ça que nous atteindrons le but final, avec des coups de téléphone par-ci par-là, des ultimatums que personne ne prend au sérieux... Nous sommes des révolutionnaires ! Nous devons nous comporter comme tels ! La révolution, ça ne se fait pas avec de bons sentiments. Pas de quartier. Faire un exemple. La liste sera longue. Plus tard, les négociations ! Clack ! Un coup de couteau ! Une oreille ou un petit doigt sur le bureau de l'ambassade, ça aura cent fois plus d'effet que tes beaux discours !

Inutile de lui faire un dessin. Ils allaient le découper morceau par morceau, à ce train-là !

C'était fini. Il avait commis pas mal de bêtises, dans sa vie, sa courte vie, mais celle-là...

Il ne souhaitait plus en entendre davantage. Il recommanderait son âme au Christ. Au Prophète. Ou aux cigales, pourquoi pas.

Il retourna s'allonger et ferma les yeux.

Il gardait les buts. Il attendait le ballon. Il était seul sur le terrain. Il pouvait attendre longtemps.

Une demi-heure plus tard, trois hommes firent irruption dans la pièce.

— Quoi, il dort encore ? s'indigna Kelfam, le plus nerveux. Vas-y, Abdullah, on n'est pas à sa disposition, bouscule-le un peu !

Sa dernière heure était arrivée. Prudent, Mansour gardait les paupières baissées.

Abdullah se pencha. Son haleine sentait la vieille cave où ont longtemps germé des caisses et des caisses de pommes de terre.

— Ouvre les yeux, petit... Ouvre les yeux... Je l'exige !

Qu'est-ce que c'était que ces simagrées sur le lieu du crime ? De qui se moquait-on ? Ses joues se gonflaient. Son nez le démangeait.

— Réveille-toi... Obéis, petit... Obéis à ma volonté...

C'en était trop. Il ne pouvait plus se retenir. Les vannes cédèrent. Il se bidonnait, Mansour, il craquait, ça ne tenait pas debout, leur mise en scène, vraiment, oui, qu'avait-il à se reprocher ?

Il riait à gorge déployée. Les trois hommes se dévisagèrent, stupéfaits.

Ils n'étaient pas au bout de leurs surprises.

Mansour, son sac, il allait le vider, et dans sa langue maternelle, s'il vous plaît !

On le giflait. Il se tordait. Il leur racontait le quartier de Hussein-Dey, face à la Méditerranée où sa mère avait vu le jour et où il n'était jamais allé

Il pleurait. Nos conspirateurs tombaient de haut.

178

Voilà donc ce qu'avait déniché cet imbécile d'Abdullah, en guise d'otage, un Arabe, comme eux !

Kelfam enrageait :

— On va être la risée de tous, maintenant ! Nos camarades l'apprendront !

Abdullah ne savait plus où se fourrer.

— Eh bien, fit-il d'une voix blanche, nous n'avons qu'à le relâcher... Ni vu ni connu...

— Hors de question ! Tu as perdu l'esprit ! Il nous dénoncerait !

Mansour avait cessé de pleurer. Il était sur un bateau, frêle esquif dont la voile fasseyait ou yacht superbe (au choix), il regardait le ciel très bleu, sans nuage, et de temps à autre un oiseau de mer passait, une mouette qui poussait un cri bref pour le saluer puis disparaissait.

Il piquait une tête dans ces grands yeux sombres qui l'avaient hypnotisé, et ces grands yeux le fixaient, ces yeux qui s'étaient changés en une mer d'huile, et de temps à autre une mouette passait.

Vrai — la combine ne nécessitait pas gros effort — à présent il ne se souvenait de rien, il flottait entre vagues et soleil, l'écume rafraîchissait ses lèvres comme un Coca bien frais.

— M'as-tu déjà rencontré auparavant ? l'interrogea Abdullah, très inquiet.

— Non.

— Et les autres ?

— Non ! Non ! Non ! Cap au sud !

Cet enfant avait-il perdu la raison ?

— Bon, bon, d'accord, tu ne l'as jamais vu, fit Kelfam le rusé, qui s'était approché. Inutile de revenir là-dessus, hein, pas vrai ? Mais... n'aurais-tu pas faim, par hasard ?

— Oui ! Oui ! Oui !

Il triomphait. Il les crut convaincus de sa bonne foi. On lui apporta, sur un plateau en bois noir, un copieux petit déjeuner.

Ce qu'il préférait, Mansour, c'était les cornes de gazelle.

Il aurait mangé avec moins d'appétit s'il avait su que dans la pièce à côté, Youssef, la tête pensante du groupe, celui qui n'avait encore rien dit, projetait pour des raisons de sécurité l'élimination pure et simple de ce témoin gênant. Et, parce que l'homme est un animal qui tue plus par abandon que par force d'âme, Abdullah le faible était sur le point de se rendre à ses raisons, de capituler.

— *Salam Alekoum,* fit l'imam, les mains jointes, le buste légèrement incliné.

— *Alekoum Salam,* répondit Rabbi Ishoua, suivi de l'abbé.

L'imam se doutait de l'objet de leur visite. On traitait d'égal à égal, mais chaque chose en son temps. Vie des communautés religieuses, problèmes posés par l'irrigation des terres désertiques constituaient d'honnêtes entrées en matière.

Ils battirent ainsi quelques instants les cartes avant de se résoudre à les mettre sur table.

L'abbé se retenait de hurler. Il y allait de la vie d'un enfant !

Enfin, Rabbi Ishoua prit la parole :

— Comme dit le Coran, l'abbé Jean-Pierre et moi-même nous sentions un peu perdus, nous étions pareils à des orphelins dans la tempête, mais Dieu nous a inspirés en dirigeant nos pas jusqu'à toi. Tu ne peux l'ignorer : un enfant a disparu. Peut-être est-il en ton pouvoir de nous éclairer...

L'imam ne bronchait pas.

— Il fut enlevé par erreur, reprit Rabbi Ishoua. Une erreur grossière ! Il venait de France, l'abbé Jean-Pierre l'accompagnait, mais il est arabe, et de confession musulmane, comme toi. Les hommes qui l'ont enlevé se sont trompés. Te rends-tu compte du ridicule de la situation lorsque le monde l'apprendra ? En revanche, si grâce à ton intervention nous parvenions à l'arracher à leurs griffes, toute la gloire de ce geste retomberait, j'en suis persuadé, sur l'Islam... Celui qui a tué un homme innocent, est-il écrit, considère-le comme s'il avait tué tous les hommes. Celui qui sauve un seul homme, considère-le comme s'il les avait tous sauvés...

Après un imperceptible haussement de sourcils, l'imam sortit de son silence :

— Tes citations sont approximatives, fit-il, mais j'ai pris plaisir à t'écouter. Le cas de cet enfant ne m'est effectivement pas inconnu. Je me suis, tu le sais, au cours de mon existence, efforcé de combattre la violence sous toutes ses formes... Il arrive, hélas ! bien souvent que certains d'entre nous, le dos au mur, acculés au désespoir, se transforment en chiens enragés. Comment, dès lors, serait-il possible de leur faire entendre raison ?... Permets-moi de te confier le fond de ma pensée. Cet enfant, m'as-tu dit, est musulman. Rien n'est donc perdu pour lui ! A mon tour je citerai le Coran. Il est écrit : « Ne dites pas de ceux qui sont tués dans le chemin de Dieu *ils sont morts...* Non ! Ils sont vivants ! » La foi se nourrit d'espérance et engendre l'espérance, alors, si telle est la volonté d'Allah, s'il consent à laisser passer sur moi son souffle...

— Puisse-t-il toujours te guider !

L'abbé, qui ne comprenait pas un traître mot d'arabe, devina que l'entretien s'achevait. Il n'avait guère duré plus de vingt minutes.

Sur le chemin du retour Rabbi Ishoua s'en tint à une prudente réserve, ce qui, chez un homme de parole, n'est pas forcément mauvais signe.

— Alors ? questionna l'abbé, à bout de nerfs.

— Alors, rien, lâcha Rabbi Ishoua. Sait-on ce qu'il advient d'une bouteille qu'on a jetée à la mer ?

14

Non loin du mihrab, une minuscule lézarde, de quelques centimètres à peine mais qui d'année en année s'élargissait, fendait l'un des carreaux de faïence bleue décorés de versets.

L'imam se tourna vers elle. Un jour ou l'autre — dans des siècles, peut-être, des millénaires, poussière du temps — elle serait le signe que l'édifice entier était menacé.

Il y voyait le reflet de sa foi, le reflet de la foi de son peuple. Semblable faille, négligée, pouvait dans le cœur d'un croyant occasionner des dégâts à jamais irréparables.

Il y voyait aujourd'hui l'image d'un gamin que le sort avait placé entre des mains somme toute assez peu avisées.

C'était un homme cultivé, intègre et brave. Il ne craignait pas les Israéliens. Il désapprouvait le terrorisme, les actions sanguinaires. Pour être non violent, il n'en avait pas moins à plusieurs reprises apporté son soutien inconditionnel aux valeureux combattants.

Devant les deux hommes, il ne s'était pas laissé attendrir. Il se représentait maintenant le paradis des Justes, tel que le décrit le Coran. Des fleuves de lait au goût inaltérable. Des fleuves de miel purifié...

C'était bien beau, tout ça, mais il ne pouvait pas

non plus oublier ses nombreux enfants, chair de sa chair, qui semblaient beaucoup se plaire sur Terre, même s'il est malheureusement vrai qu'elle ne tourne pas toujours dans le sens souhaité.

La prière de midi lui fournissait un excellent prétexte. Il fit une longue prédication. Nul doute qu'Allah lui dictât ses paroles, fortes et précises ; lui, ne ressentait encore en son esprit que confusion.

Au fond de la mosquée, quelqu'un dressait l'oreille. C'était un honorable commerçant. Aïcha, sa première épouse, était morte très jeune d'une maladie du sang. Elle ne lui avait pas laissé de descendance. Il songeait à reprendre femme. Il s'était rallié à la résistance par conviction profonde

Cet honorable commerçant se nommait Abdullah. Il répugnait aux solutions extrêmes. Décidément, cet enfant, ce frère de race, en tant qu'otage ne valait pas une bulle de savon.

Est-ce un hasard si l'imam, après le prêche, s'approcha de lui et, à voix basse, lui confia quelques mots ? Qui serait en mesure d'affirmer que l'imam avait déjà sa petite idée, des soupçons bien établis ?

Abdullah quitta très vite les lieux. Sa décision était prise. Il risquait gros. Il risquait sa peau. Youssef et Kelfam avaient prévu de s'absenter durant la soirée. Leurs « affaires », comme ils disaient. Ils s'étaient donné jusqu'à minuit, dernier délai. Kelfam acceptait de se charger de la sale besogne. Il irait loin. Et un jour prochain se ferait tuer, lui aussi.

Vers vingt-trois heures, deux policiers repéraient un gamin, claquant des dents, abasourdi et très mécontent, sous une porte cochère.

Mal réveillé, Mansour tenait des propos incohérents. Il y était question d'un sacré bon vieux voilier sur une sacrée bonne vieille mer d'huile. Ce bateau dérivait mais il n'y avait pas à s'en faire.

Aux alentours de minuit on l'admettait à l'hôpital Adassah où lui furent rapidement prodigués les soins qu'imposait son état. Un coup de fil de l'homme aux cils très longs — il reconnut sa voix haut perchée — prévint l'abbé.

Il avait, Dieu merci, tant prié.

Ainsi un combat, même désespéré, n'est jamais perdu d'avance. Il n'avait cette fois agi que par personne interposée. Il tirait sa révérence au passé, ce côté pile du temps. Le côté face est bien plus riche, bien plus intéressant : on l'appelle le présent.

Il retombait comme un soufflé. Il avait changé, l'abbé. L'Indochine et les rizières, un trait était tiré.

Il s'avéra que Mansour avait pris froid, une fièvre de cheval, il délirait. La police l'interrogea. Il roulait des yeux hébétés. Il n'en démordait pas de ses mouettes et de son voilier.

On conclut à un choc émotionnel violent, suivi d'un trou de mémoire. Peut-être ses ravisseurs l'avaient-ils drogué. Ou hypnotisé.

Yaëlle, l'abbé, les enfants du kibboutz le gâtaient, le couvraient de cadeaux, de bonbons, d'illustrés. Il eut bientôt des caprices de convalescent. Il ne demandait pas : il exigeait.

Le film Super-8 lui fut projeté. Il se revit grimacer devant la fontaine. Il se tenait les côtes. Et les autres, Fernand, son rond de fumée, la partie de foot, les biquettes...

— Tu peux te vanter de l'avoir échappé belle, mon garçon ! La chance était avec nous. Je suppose que tu refuses toujours de parler ?

Le 707 avait depuis longtemps pris de l'altitude. Mansour fit éclater son Malabar, replia ses jambes ; les genoux contre le ventre, sans piper mot.

On n'était pas encore, à son avis, assez loin de Bethléem.

L'abbé avait le sourire.

A Pâques, quelques enfants du kibboutz découvriraient Combejalade, ainsi que Yaëlle. L'abbé se surprit à rêver de Rome, la Ville éternelle, et du suaire de Turin...

Et Marie de Magdala avait trouvé le sépulcre vide. Elle se détourna et Jésus la regardait, elle ignorait que c'était lui, le prit pour un jardinier. Alors il se fit reconnaître, mais comme elle s'approchait il lui dit :

« Ne me touche pas, car je ne suis pas encore monté vers mon Père. »

Plus tard, il apparut aux disciples dans une pièce aux portes fermées. Ils en furent plus troublés que réjouis, croyant avoir affaire à un esprit.

« Un esprit n'a ni chair ni os, leur dit-il, comme vous voyez que J'ai... »

Jésus, ressuscité, encore un peu dans ce monde, pour beaucoup dans l'autre, et depuis n'a-t-il jamais cessé d'en être ainsi ?

A quoi bon le chercher en dehors de nous si nous ne l'avons pas en nous ?

On était là au cœur de la foi, au cœur même du mystère de l'eucharistie. L'abbé se remémorait ces scènes que décrivent Luc et Jean, et la relation avec son sacerdoce lui parut évidente. Le prêtre évolue sur deux plans, lui aussi, et ne saurait négliger l'un au détriment de l'autre, naturel et surnaturel, temporel et intemporel, individuel et universel.

Dieu est *omniprésent*, comme le lui répétait sa mère, dans les mosquées, les églises, les synagogues, dans les plus infimes manifestations de la vie mais aussi dans les actions de l'Homme.

Alors que les côtes françaises se dessinaient par le hublot, Mansour abandonna son mutisme et avoua la vérité à l'abbé.

La distance était désormais raisonnable entre lui et ses ravisseurs.

— Tout ça, dit-il, dépliant ses jambes et engouffrant un nouveau Malabar, c'est arrivé à cause de la tortue.

— Tiens, tiens, raconte-moi.

— Ben... elle m'avait tapé dans l'œil, quoi. Je l'avais vue, dans cette boutique, et j'ai pensé que le lendemain ce serait trop tard. Mado, elle attend un bébé, vous savez ? Un chouette cadeau, je me suis dit. Et puis je vous ai faussé compagnie. Oui mais voilà, Ouap-dou-ouap il m'a endormi...

— *Ouap-dou-ouap* ?

— C'était le marchand. Celui-là, quand il ouvrait la bouche, ça me démangeait de devenir chercheur d'or... Il y en avait un autre. Lance-Flammes ou quelque chose comme ça. Des terribles.

— Tu n'as donc pas perdu la mémoire ?

— Ben... c'est que lance-flammes, il menaçait de me couper en rondelles, et j'y tenais pas... Ce bateau, c'était de la blague, fallait bien, des oreilles ennemies m'écoutaient. Pourtant, quand je me suis réveillé j'étais dessus, un paquebot tout blanc, vachement grand, et on partait pour un long voyage.

Une profonde amitié les soudait.

Sois vigilant, Mansour, reste sur tes gardes, ne relâche jamais ton effort.

L'abbé respira un grand coup, s'enfonça dans son fauteuil et ferma les yeux. Peut-être lui aurait-il plu de retarder le moment où l'avion toucherait terre. Il se revit à l'aéroport, quelques heures plus tôt, en compagnie de Rabbi Ishoua et de Mansour, Mansour à qui l'on expliquait la part active qu'avait prise dans sa libération le vieil homme enturbanné à la mode orientale qui là-bas les attendait, Mansour qui soudain se mettait à courir de toute la force de ses petites jambes en direction de l'imam, qu'il faillit renverser tant il était porté par son élan.

Le vieil homme le regardait, ému, malgré les conflits qui l'agitaient — avait-il oui ou non, par son intervention, trahi la cause palestinienne ? — et lui posa tendrement deux baisers sonores sur les joues.

Mansour riait, fou de bonheur et de gratitude sous le ciel serein, Mansour tour à tour tendait ses mains, ses deux mains, si peu de mains, vers ces trois prêtres qui avaient dépassé leurs dissensions pour mieux lui sauver la vie.

DU MÊME AUTEUR

Aux éditions J.-C. Lattès :

UN SAC DE BILLES
ANNA ET SON ORCHERSTRE
BABY-FOOT
LA VIEILLE DAME DE DJERBA
TENDRE ÉTÉ
SIMON ET L'ENFANT

Aux éditions Ramsay :

LE CAVALIER DE LA TERRE PROMISE

Pour enfants :

LE FRUIT AUX MILLE SAVEURS, éd. Garnier
LA CARPE, G.P. Rouge et Or

Dans Le Livre de Poche

Biographies, études...
(*Extrait du catalogue*)

Badinter Elisabeth
Emilie, Emilie. L'ambition féminine
au XVIIIe siècle (*vies de Mme du Châtelet, compagne de Voltaire, et de Mme d'Epinay, amie de Grimm*).

Badinter Elisabeth et Robert
Condorcet.

Borer Alain
Un sieur Rimbaud.

Bourin Jeanne
La Dame de Beauté (*vie d'Agnès Sorel*).
Très sage Héloïse.

Bramly Serge
Léonard de Vinci.

Bredin Jean-Denis
Sieyès, la clé de la Révolution française.

Castans Raymond
Marcel Pagnol

Chalon Jean
Chère George Sand.

Champion Jeanne
Suzanne Valadon ou la recherche de la vérité.
La Hurlevent (*vie d'Emily Brontë*).

Charles-Roux Edmonde
L'Irrégulière (*vie de Coco Chanel*).
Un désir d'Orient (*jeunesse d'Isabelle Eberhardt, 1877-1899*).

Chase-Riboud Barbara
La Virginienne (*vie de la maîtresse de Jefferson*).

Chauvel Geneviève
Saladin, rassembleur de l'Islam.

Clark Kenneth
  Léonard de Vinci.
Clément Catherine
  Vies et légendes de Jacques Lacan.
  Claude Lévi-Strauss ou la structure et le malheur.
Contrucci Jean
  Emma Calvé, la diva du siècle.
Delbée Anne
  Une femme (*vie de Camille Claudel*).
Desanti Dominique
  Sacha Guitry, cinquante ans de spectacle.
Dormann Geneviève
  Amoureuse Colette.
Eribon Didier
  Michel Foucault.
Girard René
  Shakespeare – Les feux de l'envie.
Giroud Françoise
  Une femme honorable (*vie de Marie Curie*).
Kafka Franz
  Journal.
Lacouture Jean
  Champollion. Une vie de lumières.
Lange Monique
  Cocteau, prince sans royaume.
Lever Maurice
  Isadora (*vie d'Isadora Duncan*).
Loriot Nicole
  Irène Joliot-Curie.
Mallet Francine
  George Sand.
Michelet Jules
  Portraits de la Révolution française.
Monnet Jean
  Mémoires.
Pernoud Régine
  Héloïse et Abélard.
  Aliénor d'Aquitaine.

La Reine Blanche (*vie de Blanche de Castille*).
Christine de Pisan.

Perruchot Henri
La Vie de Toulouse Lautrec.

Renan Ernest
Marc Aurèle ou la fin du monde antique.
Souvenirs d'enfance et de jeunesse.

Rey Frédéric
L'Homme Michel-Ange.

Roger Philippe
Roland Barthes, roman.

Séguin Philippe
Louis Napoléon le Grand.

Sipriot Pierre
Montherlant sans masque.

Stassinopoulos Huffington Arianna
Picasso, créateur et destructeur.

Sweetman David
Une vie de Vincent Van Gogh.

Thurman Judith
Karen Blixen.

Troyat Henri
Ivan le Terrible.
Maupassant.
Flaubert.

Zweig Stefan
Trois Poètes de leur vie (*Stendhal, Casanova, Tolstoï*).

Dans la collection « Lettres gothiques » :

Journal d'un bourgeois de Paris (*écrit entre 1405 et 1449 par un Parisien anonyme*).

Composition réalisée par EUROCOMPOSITION

IMPRIMÉ EN FRANCE PAR BRODARD ET TAUPIN
Usine de La Flèche (Sarthe).
LIBRAIRIE GÉNÉRALE FRANÇAISE - 6, rue Pierre-Sarrazin - 75006 Paris.
ISBN : 2 - 253 - 06239 - 1   ✪ 30/9568/4